Pema Chödrön

Die Weisheit der Ausweglosigkeit

Pema Chödrön

Die Weisheit der Ausweglosigkeit

Aus dem amerikanischen Englisch
übersetzt von
Stephan Schuhmacher

arbor

Arbor Verlag
Freiamt im Schwarzwald

Mögen alle fühlenden Wesen sich des Glücks und der Wurzel des Glücks erfreuen.

Mögen sie alle frei sein vom Leiden und der Wurzel des Leidens.

Mögen sie nicht getrennt sein von der großen Glückseligkeit ohne jedes Leiden.

Mögen sie verweilen im großen Gleichmut, frei von Leidenschaft, Zorn und Voreingenommenheit.

Titel der amerikanischen Originalausgabe:
Comfortable with Uncertainty, 108 Teachings

4. Auflage 2021

Lektorat: Richard Reschika
Titelfoto: Julia Becker
Druck und Bindung: Eberl & Kœsel, Krugzell

Dieses Buch wurde auf 100% Altpapier gedruckt und ist alterungsbeständig.
Weitere Informationen über unser Umweltengagement
finden Sie unter www.arbor-verlag.de/umwelt.

www.arbor-verlag.de

ISBN 978-3-86781-092-0

Inhalt

Vorwort der Herausgeberin 11

1. Die Liebe, die nicht vergeht 17
2. Die heilende Kraft des Bodhichittas 19
3. Im Ungewissen zu Hause 21
4. Die Weisheit der Ausweglosigkeit 23
5. Die Grundübung der Liebenden Güte 25
6. Liebende Güte und Meditation 27
7. Warum meditieren? 29
8. Die Sechs Punkte der Haltung 31
9. Unsere wahre Geschichte gibt es nicht 33
10. Sitzen 35
11. Die vier Eigenschaften der Maitrî 37
12. Die Wurzel des Leidens 39
13. Das Wetter und die Vier Edlen Wahrheiten 41
14. Die Tatsachen des Lebens: Vergänglichkeit 43
15. Niemandem ein Leid zufügen 45
16. Der Dharma 47
17. Die Übung von Achtsamkeit und Zurückhaltung 49
18. Laß es sein, wie es ist 51
19. Mit den Losungen arbeiten 53
20. Losung: „Alles, was du tust, solltest du mit einer Absicht unternehmen" 55
21. Pfeile in Blumen verwandeln 57
22. Es gibt nichts Festes 61
23. Die Tatsachen des Lebens: Ichlosigkeit 63

24. In der Mitte bleiben 65
25. Losung: Halte dich an den hauptsächlichen der beiden Zeugen 67
26. Am Rand des Abgrunds 69
27. Die Tatsachen des Lebens: Leiden 71
28. Hoffnung und Furcht 73
29. Werde leichter und lichter (und mach mal etwas ganz anderes) 75
30. Die Vier Mahnungen 77
31. Himmel und Hölle 79
32. Die drei unnützen Strategien 81
33. Das Gegenteil von Samsâra 83
34. Die Vier Grenzenlosen Eigenschaften kultivieren 85
35. Die Übung der Liebenden Güte 87
36. Erbarmen kultivieren 91
37. Erbarmen praktizieren 93
38. Lernen, sich zu freuen 95
39. Die Übung von Gleichmut 97
40. Die Vogelperspektive 99
41. Sei, wo du bist 101
42. Tonglen und Furchtlosigkeit 103
43. Tonglen und wechselseitige Verbundenheit 105
44. Die Vier Stadien des Tonglen 107
45. Beginne, wo du bist 109
46. Die Angst kennenlernen 111
47. Das Leiden zur Kenntnis nehmen 113
48. Losung: „Verändere deine Einstellung, aber bleibe natürlich" 115
49. Liebende Güte und Tonglen 117
50. Losung: „Vermagst du zu üben, wenn du abgelenkt bist, dann bist du ein gut geschulter Mensch" . . . 119
51. Tonglen vertiefen 121
52. Das leere Boot 123

53. Die Drei Punkte 125
54. Tonglen im Augenblick 127
55. Beginne, wo du bist (immer und immer wieder) 129
56. Das Leben erfahren 131
57. Sehen, was ist 133
58. Der Buddha 135
59. Jetzt 139
60. Das Herz des Alltagslebens 141
61. Der sich weitende Kreis des Erbarmens 143
62. Unannehmlichkeiten 145
63. Den Kreis ausweiten 147
64. Was ist Karma? 149
65. Erwachsen werden 151
66. Losung: „Erwarte kein Lob“ 153
67. Sechs Weisen mitfühlenden Lebens 155
68. Prajñâ 157
69. Großzügigkeit 159
70. Disziplin 161
71. Geduld 163
72. Freudige Bemühung 165
73. Meditation 167
74. Die Welt für sich sprechen lassen
(„Interpretiere nichts falsch“) 169
75. Meditation und Prajñâ 171
76. Sich vornehmen, offen zu bleiben 173
77. Losung: „Laß alle Hoffnung auf Ergebnisse fahren“ 175
78. Kühle Einsamkeit 177
79. Losung: „Schule dich in den Drei Schwierigkeiten“ 179
80. Kommunikation aus dem Herzen 181
81. Die große Zwickmühle 183
82. Neugier und der Kreis des Erbarmens 185
83. Die Praxis des Tonglen erweitern 187
84. Losung: „Sei dankbar gegenüber jedermann“ . . . 189

85. Hindernisse als Fragen 191
86. Sechs Weisen, einsam zu sein 193
87. Gut durchgearbeitet 195
88. Verbindlichkeit 197
89. Drei Methoden zur Arbeit mit dem Chaos 199
90. Gleichmut im Augenblick 201
91. Die Wahrheit ist unbequem 203
92. Im furchtlosen Zustand verweilen 205
93. Das essentielle Paradox 207
94. Nichts, woran man sich festhalten könnte 209
95. Losung: „Führe sämtlichen Tadel
in einen zusammen“ 211
96. Genau dieser Augenblick ist
der perfekte Lehrmeister 213
97. Die losen Enden aufnehmen 215
98. Die Vier Methoden des Sitzenbleibens 217
99. Vergebung kultivieren 219
100. Das Paradox umfangen 221
101. Der Sangha 223
102. Genau wie ich (Erbarmen im Augenblick) 225
103. Losung: „Übe die Fünf Stärken,
die essentiellen Herzunterweisungen“ 227
104. Den Kreislauf des Samsâras umkehren 229
105. Der Pfad ist das Ziel 231
106. Die Verstärkung der Neurose 233
107. Mitfühlende Selbsterkundung 235
108. Losung: „Bewahre dir immer allein
einen freudigen Geist“ 237

Die Widmung des Verdienstes 239
Glossar 241
Anmerkungen 245
Literaturverzeichnis 247

VORWORT DER HERAUSGEBERIN

Dieses Buch enthält 108 praktische Unterweisungen aus dem Werk von Pema Chödrön. Es sind 108 Kernunterweisungen zu dem Thema, wie man sein Leben im Geiste des Mahâyâna-Buddhismus leben kann. *Mahâyâna* bedeutet das „Große Fahrzeug"; dieser Begriff bezeichnet den Pfad, der uns schrittweise aus unserer engen Welt des Eigeninteresses hinausführt, hinein in die größere Welt der Verbundenheit mit allen Menschen. Die hier ausgewählten Unterweisungen geben uns einen Einblick in die Vision des Mahâyâna, einen Geschmack von der Meditationspraxis, die es uns anzubieten hat, und eine Vorstellung davon, wie wir diese Vision und diese Meditation in unser tägliches Leben einbringen können.

Pema ist von einer langen Übertragungslinie von Lehrern und Lehren inspiriert. Ihr Stil ist einzigartig, aber nichts von dem, was sie lehrt, stammt von ihr allein. Sie ist in ihrer Lehrtätigkeit insbesondere von ihrem eigenen Wurzel-Guru, Chögyam Trungpa Rinpoche, beeinflußt. Trungpa Rinpoche war einer der ersten Tibeter, die dem Westen den Buddhismus auf Englisch nahegebracht haben. Er kombinierte dabei die Weisheit der Nyingma- und der Kagyü-Linie des tibetischen Buddhismus mit der Überlieferung des Königreichs von Shambhala. Shambhala ist eine legendäre erleuchtete Gesellschaft, die in einer Sicht von Grundlegendem Gutsein, der Übung der Meditation und der Kultivierung von Bodhichitta, der Liebenden Güte und des Erbarmens[1] beruht. Der Legende nach hat der erste König von Shambhala Unterweisungen vom Buddha erhalten, hat sie praktiziert und an seine Untertanen weitergegeben. Trungpa Rinpoche nannte diese weltliche meditative Tradition den „heiligen Pfad des Kriegers". Er betonte die uns allen und unserer Umgebung innewohnende Qualität des Erwachtseins („Grundlegendes Gutsein"). Dieses Grundlegende Gutsein entdecken wir mit Hilfe der Übung der Meditation, durch die wir auch lernen, Bodhichitta zu entwickeln. Auch die weltlichsten Situationen werden zu Vehikeln des Erwachens, wenn wir ihnen mit dieser Sicht, dieser Übung und diesem Verhalten begegnen.

Diese Lehren haben so lange überlebt – mindestens 2500 Jahre –, weil sie in universalen Prinzipien und der alltäglichen Wirklichkeit wurzeln. Sie sind nicht dogmatisch. Wer sie studiert, wird aufgefordert, sie auf die Probe zu stellen und ihre Wahrheit (Dharma) in eigener Erfahrung zu bestätigen. Aus diesem Grunde sind diese Lehren ausgesprochen anpassungsfähig. Sie können in jeder Sprache formuliert werden und haben jeder Kultur etwas zu sagen. Pema Chödrön setzt die buddhistische Shambhala-Tradition von Trungpa Rinpoche fort, indem sie die alte Disziplin des Buddhismus und die Kriegertradition Shambhalas in die moderne Kultur und Psyche überträgt.

Im wesentlichen sagen uns diese Lehren, daß wir den uns innewohnenden Reichtum entdecken und ihn mit anderen teilen können, indem wir Achtsamkeit und Gewahrsein kultivieren. Dieser innere Schatz wird Bodhichitta genannt. Er ist wie ein Juwel, das tief in unserem Inneren vergraben liegt – es liegt an uns, es wieder freizulegen, wenn die Voraussetzungen dazu herangereift sind. Man spricht oft von zwei Aspekten des Bodhichittas, dem absoluten und dem relativen. Absolutes Bodhichitta ist unser natürlicher Zustand. Wir erfahren ihn als Grundlegendes Gutsein, das uns mit jedem Lebewesen auf dem Planeten verbindet. Es hat viele Namen: Offenheit, absolute Wahrheit, unser wahres Wesen, der weiche Fleck, das zärtliche Herz oder einfach „das, was *ist*". Im Absoluten Bodhichitta kommen die Eigenschaften von Erbarmen, bedingungsloser Offenheit und wacher Intelligenz zusammen. Es ist frei von Konzepten, Meinungen und dualistischen Vorstellungen von „Ich" und dem „anderen".

Auch wenn Absolutes Bodhichitta unser natürlicher Zustand ist, schrecken wir doch vor dieser bedingungslosen Offenheit zurück. Unser Herz fühlt sich so zart und verletzlich an, daß wir Schutzmauern darum herum errichten. Es braucht entschlossene innere Arbeit, um dieser Mauern gewahr zu werden, und eine sanfte Vorgehensweise, um sie abbauen zu können. Wir müssen sie nicht auf einen Schlag loswerden, indem wir „mit dem Vorschlaghammer darauf losgehen", sagt Pema Chödrön. Zu lernen, wie man in offenherzigem Grundlegendem Gutsein verweilt, ist ein lebenslanger Prozeß. Diese Unterweisungen vermitteln uns eine sanfte und zugleich präzise Technik, die uns auf diesem Weg zu helfen vermag.

Relatives Bodhichitta bedeutet, den Mut und das Mitgefühl zu haben, unser zärtliches Herz zu erkunden, es so weit wie möglich zuzulassen und es allmählich auszuweiten. Beim Kultivieren des Relativen Bodhichittas kommt es vor allem darauf an, unser Herz immer wieder für das Leiden zu öffnen, ohne uns zu verschließen. Wir lernen langsam, die grenzenlosen Eigenschaften von Liebe, Erbarmen, Freude und Gleichmut zu entdecken und sie auf andere auszudehnen. Es verlangt Unerschrockenheit und Güte, wenn man sich darin schulen möchte, sein Herz derart zu weiten.

Es gibt verschiedene Übungen, mit denen wir unser Herz für uns selbst und für andere öffnen können. Die fundamentalste dieser Übung ist die Sitzende Meditation, die es uns ermöglicht, mit der Bodenlosigkeit und Geräumigkeit unseres wahren Wesens vertraut zu werden. Eine andere Schlüsselpraxis ist die Geistesschulung (*lojong* auf Tibetisch), bei der wir Schmerz einatmen und Freude aussenden, und die Übung mit Losungen, bei der wir prägnante Formeln benutzen, um unsere gewohnte Haltung der Selbstbezogenheit zu transformieren. Diese Methoden leiten uns dazu an, Dinge, die wir gewöhnlich für unsere größten Hindernisse halten – Zorn, Ablehnung, Furcht, Eifersucht – als Treibstoff für das Erwachen zu benutzen.

In diesem Buch lehrt Pema die Sitzmeditation, das Tonglen, die Arbeit mit Losungen und die Übung mit den Wunschgebeten der Vier Grenzenlosen Eigenschaften als Zugänge zum erwachten Herzen des Bodhichittas. Durch die tägliche Übung der Sitzmeditation werden wir mit unserer natürlichen Offenherzigkeit vertraut. Wir beginnen uns in dieser Meditation zu stabilisieren und zu kräftigen. Wenn wir dann vom Sitzkissen aufstehen und uns dem Alltagsleben zuwenden, können wir damit experimentieren, unser Herz auch angesichts unerfreulicher Umstände offen zu halten. Durch die Übung des Tonglen und der Losungen erhalten wir einen Geschmack von dem, was wir fürchten, und wenden uns den Dingen zu, denen wir normalerweise ausweichen. Um unsere Grenzen noch weiter ausdehnen und unser Herz noch mehr öffnen zu können, üben wir uns darin, die Vier Grenzenlosen Eigenschaften zu kultivieren – Liebende Güte (*Maitrî* auf Sanskrit), Erbarmen, Freude und Gleichmut –, indem wir sie mit Wunschgebeten auf andere ausdehnen.

Zusätzlich können wir uns bestimmten Aktivitäten widmen (den *Pâramitâs*), die uns über die dem Menschen seltsamerweise eigene Tendenz hinausführen, uns gegen die Freude unseres erwachten Herzens abzuschotten. Pema nennt diese Aktivitäten die „Sechs Weisen mitfühlenden Lebens“: Großzügigkeit, Geduld, Disziplin, Bemühung, Meditation und Prajñâ oder Weisheit. Die Grundlage für alle diese Praktiken ist die Entwicklung von Maitrî, einer bedingungslosen Liebenden Güte uns selbst gegenüber, die uns sagen läßt: „Beginne, wo du bist.“

In buddhistischen Begriffen nennt man diesen Pfad das Wirken eines Bodhisattvas. Einfach gesagt, ist ein Bodhisattva jemand, der danach strebt, aus einem erwachten Herzen heraus zu handeln. In Begriffen der Shambhala-Lehren ist dies der Pfad des Kriegers. Um diese beiden Strömungen zusammenzuführen, benutzt Pema den Begriff des Krieger-Bodhisattvas. Zu diesem gehört eine frische und nach vorn gerichtete Energie, die bereit ist, sich zum Wohl anderer auf das Leiden einzulassen. Ein solches Handeln hat mit der Überwindung von Selbsttäuschung, Selbstschutz und anderer gewohnheitsmäßiger Reaktionen zu tun, die wir anwenden, um uns in Sicherheit zu wiegen – in einem Gefängnis aus Vorstellungen. Indem wir diese Barrieren des Egos sanft und präzise durchschneiden, entwickeln wir die direkte Erfahrung des Bodhichittas.

Alle, die sich auf diesem Pfad befinden, haben etwas gemeinsam, nämlich die Zuversicht, frohgemut der Ungewißheit und Unsicherheit standzuhalten.[2] Die Wurzel des Leidens ist die Weigerung, sich der Gewißheit zu stellen, daß wir, gleich unter welchen Umständen, tatsächlich immer in Ungewißheit leben. In ihren Unterweisungen ermutigt Pema uns dazu, uns mit der Ungewißheit anzufreunden und zu sehen, was dann passiert. Was wir Ungewißheit nennen, ist im Grunde die offene Qualität eines jeden Augenblicks. Wenn wir für diese Offenheit präsent sein können – so wie sie immer für uns präsent ist –, dann entdecken wir, daß wir zu grenzenloser Liebe und Fürsorge fähig sind.

Für Leser, die bereits in der Meditation unterwiesen worden sind, können die Lehren in diesem Buch als tägliche, wöchentliche oder monatliche Erinnerungen an die wichtigsten Punkte auf dem Weg dienen. Für jene, die noch nicht zu meditieren begonnen haben, ist das Buch als nützliche Information gedacht; es soll jedoch nicht die persönliche Unterweisung in Meditation überflüssig machen. Die Kontaktadressen am Ende des Buchers werden den Lesern helfen, einen Meditationslehrer zu finden.

Dank gebührt Tingdzin Ötro, Tessa Pybus, Julia Sagebien sowie John und David Sell, die Pemas Unterweisungen transkribiert haben; außerdem danke ich dem Team von Shambhala Publications – insbesondere Eden Steinberg – für ihre Ermutigung zu diesem Projekt und ihre Unterstützung dabei. Wir alle sind Pema dankbar dafür, daß sie den Pfad des Krieger-Bodhisattvas verkörpert und ihn auf solch angemessene und zeitgemäße Weise übermittelt.

Als ich diese 108 Unterweisungen zusammenstellte, habe ich sie mir als einen Kristall mit 108 Facetten vorgestellt, in den die Leser schauen mögen, wenn sie wollen. Mögen sie grenzenloses Verdienst bringen.

Emily Hilburn Sell

I

Die Liebe, die nicht vergeht

Das spirituelle Erwachen wird oft als Weg zum Gipfel eines Berges beschrieben. Wir lassen unser Anhaften und unsere Weltlichkeit hinter uns und arbeiten uns langsam zum Gipfel vor. Am Gipfel angekommen, haben wir allen Kummer überwunden. Das einzige Problem mit dieser Metapher ist, daß wir alle anderen im Tal zurücklassen. Auch wenn wir dem Leiden entflohen sind, geht das ihre doch weiter.

Auf dem Weg des Krieger-Bodhisattvas geht der Pfad nicht aufwärts, sondern abwärts, so als zeigte die Bergspitze zur Erde und nicht zum Himmel. Statt das Leiden aller Kreaturen zu transzendieren, gehen wir auf jede nur mögliche Weise der Turbulenz und dem Zweifel entgegen. Wir erkunden die Realität und Unwägbarkeit von Unsicherheit und Schmerz und versuchen nicht etwa, sie uns vom Hals zu halten. Auch wenn es Jahre, ja vielleicht viele Leben dauern mag – wir lassen die Dinge, wie sie sind. In unserem eigenen Tempo, ohne Hast oder Haß, gehen wir abwärts, abwärts, abwärts. Mit uns gehen Millionen andere, unsere Gefährten auf dem Weg des Erwachens aus der Angst. Auf dem Grund angekommen, finden wir Wasser, das heilende Wasser des Bodhichittas. Bodhichitta ist unser Herz – unser wundes, zart gewordenes Herz. Ganz dort unten, wo es am dicksten kommt, entdecken wir die Liebe, die nicht vergeht. Diese Liebe ist Bodhichitta. Sie ist freundlich und warm; sie ist klar und präzise; sie ist offen und geräumig. Das erwachte Herz des Bodhichittas ist das Grundlegende Gutsein aller Wesen.

2

Die heilende Kraft des Bodhichittas

Bodhichitta ist ein Sanskritwort, welches „edles Herz“ oder „erwachtes Herz“ bedeutet. So wie Butter der Milch bereits innewohnt oder Öl dem Sesamkorn, so ist der weiche Fleck des Bodhichittas in dir und mir vorhanden. Bodhichitta wird zum Teil mit unserer Fähigkeit zu lieben gleichgesetzt. Ganz gleich, wie sehr wir uns auch der Gemeinheit, dem Egoismus oder der Habgier verschrieben haben, das lautere Herz des Bodhichittas können wir nicht verlieren. Es ist in allem, was lebt, gegenwärtig, ungetrübt und vollständig.

Es heißt, daß uns in schweren Zeiten nur Bodhichitta heilen kann. Wenn uns alle Inspiration abhanden gekommen ist und wir kurz davor sind aufzugeben – in solchen Momenten können wir mitten in der Wundheit des Schmerzes Heilung finden. Bodhichitta wird auch, in Teilen, mit dem Mitgefühl gleichgesetzt, unserem Vermögen, das Leiden, das wir mit anderen Menschen gemein haben, zu empfinden. Ohne daß wir uns dessen bewußt sind, schotten wir uns ständig gegen dieses Leiden ab, weil es uns Angst macht. Wir errichten Schutzmauern aus Meinungen, Vorurteilen und Strategien – Schranken, die auf der tiefen Furcht basieren, verletzt zu werden. Doch ebenso wie ein Edelstein, der eine Million Jahre lang in der Erde vergraben lag, seine Farbe nicht verliert oder sonstwie beeinträchtigt wird, so wird auch dieses edle Herz von all dem, was wir anstellen, um es zu schützen, nicht beeinträchtigt. Wir können den Edelstein jederzeit ans Tageslicht holen, und er wird hell funkeln, als sei nichts geschehen.

Bodhichitta, dieses zärtliche Gefühl für das Leben, erwacht, wenn wir uns nicht mehr gegen unsere Verletzlichkeit abschotten, gegen die grundsätzliche Zerbrechlichkeit der Existenz. Es erwacht, weil wir das Leiden der anderen in uns selbst erfahren. Wir schulen uns mit den Bodhichitta-Übungen, um uns so weit zu öffnen, daß wir den Schmerz der Welt in uns einlassen können, damit er unser Herz berührt. Und dann wandeln wir ihn in Erbarmen um.

3

Im Ungewissen zu Hause

Wer sich mit ganzem Einsatz darin schult, das Bodhichitta zu wecken, den nennt man einen Bodhisattva oder einen Krieger. Das ist kein Krieger der tötet, sondern ein Krieger ohne Aggressivität, der die Schreie der Welt hört. Krieger-Bodhisattvas stellen sich herausfordernden Situationen, um Leiden zu lindern. Sie sind bereit, ihre eigenen selbstbezogenen Reaktionen und ihre Selbsttäuschung durchzuschneiden. Sie widmen sich ganz dem Aufdecken der grundlegenden unverfälschten Energie des Bodhichittas.

Ein Krieger akzeptiert die Tatsache, daß wir unmöglich wissen können, was uns als nächstes passieren wird. Natürlich können wir versuchen, das Unkontrollierbare zu kontrollieren, indem wir nach Sicherheit und Vorhersagbarkeit streben, stets in der Hoffnung auf ein gemütliches und geborgenes Leben. Aber in Wahrheit vermögen wir der Ungewißheit niemals zu entgehen. Dieses Nichtwissen ist ein Teil des Abenteuers, aber es macht uns auch Angst.

Wir können uns in jeder Situation, in der wir uns finden, zum Krieger schulen. Unsere Werkzeuge sind die Sitzmeditation, Tonglen, die Übung mit Losungen und das Kultivieren der Vier Grenzenlosen Eigenschaften, also Liebende Güte, Erbarmen, Freude und Gleichmut. Mit Hilfe dieser Übungen finden wir die Zartheit des Bodhichittas in Kummer und in Dankbarkeit, hinter der Härte der Wut und im Zittern der Furcht. In der Einsamkeit können wir den weichen Fleck des Grundlegenden Gutseins ebenso auffinden wie in der Freundlichkeit. Doch in der Bodhichitta-Schulung gibt es keine Garantie für ein Happy-End. Hier hat vielmehr das „Ich", das immer nach Sicherheit sucht – nach etwas, woran es sich festhalten kann –, Gelegenheit, endlich erwachsen zu werden.

Wir mögen uns fragen, ob wir überhaupt das Zeug zur Schulung zu einem Krieger haben. Aber dann sollten wir uns die folgende Frage stellen: „Ziehe ich es vor, erwachsen zu werden und ganz unmittelbar mit dem Leben umzugehen, oder will ich lieber in Furcht und Angst leben und sterben?"

4

Die Weisheit der Ausweglosigkeit

Die zentrale Frage in der Schulung zum Krieger ist nicht, wie wir Ungesichertheit und Furcht entgehen können, sondern wie wir mit unangenehmen Umständen umgehen. Wie machen wir Schwierigkeiten, unsere Emotionen und die unvorhersehbaren Begegnungen des täglichen Lebens zu unserem Übungsfeld? Für diejenigen von uns, die danach hungern, die Wahrheit zu kennen, sind schmerzliche Emotionen wie ein Warnsignal, das uns sagt: „Du hängst fest!" Wir betrachten also Enttäuschung, Verwirrung, Ärger, Eifersucht und Angst als Momente, die uns zeigen, wo wir uns abkapseln, auf welche Weise wir uns verschließen.

Solche unangenehmen Gefühle sind Botschaften, die uns auffordern, uns zusammenzunehmen und uns auf eine Situation einzulassen, vor der wir eigentlich zurückschrecken und der wir ausweichen möchten.

Wenn das Warnsignal ertönt, präsentiert sich uns eine Chance: Wir können bei dem schmerzlichen Gefühl bleiben, statt uns davonzumachen. Durch dieses Standhalten bekommen wir den Dreh heraus, uns ohne Selbstvorwurf dabei zu erwischen, wie wir zulassen, daß sich Ablehnung zu Schuldzuweisungen, Selbstgerechtigkeit oder Entfremdung verhärtet. Auf diese Weise können wir auch verhindern, daß wir versuchen, die Dinge glattzubügeln, indem wir uns einreden, es sei alles in bester Ordnung – wo wir doch *so* inspirierte Wesen sind! Das ist leichter gesagt als getan.

Gewöhnlich werden wir einfach von der Macht der Gewohnheit überrannt. Wir unterbrechen unsere Muster kein bißchen. Doch durch die Übung lernen wir, bei unserem gebrochenen Herzen zu bleiben, bei dieser namenlosen Angst, bei diesem Durst nach Rache. Wenn wir in der Ungewißheit verweilen können, dann lernen wir, uns mitten im Chaos zu entspannen – völlig cool zu bleiben, wenn uns plötzlich der Teppich unter den Füßen weggezogen wird. Wir können uns unzählige Male am Tag auf den spirituellen Pfad zurückbringen, wenn wir einfach nur die Bereitschaft üben, der Ungewißheit des Gegenwärtigen standzuhalten – wieder und immer wieder.

5

Die Grundübung der Liebenden Güte

Die zentrale Praxis für einen werdenden Bodhisattva ist das Kultivieren von Maitrî, der Liebenden Güte. In den Shambhala-Lehren nennt man das „den furchtsamen Geist in die Wiege der Liebenden Güte legen“. Ein anderes Bild für Maitrî ist die Vogelmutter, die ihre Jungen schützt und pflegt, bis sie groß genug sind, davonzufliegen. Die Leute fragen manchmal: „Wer bin ich in diesem Bild – die Mutter oder das Junge?“ Die Antwort ist: Wir sind beides, sowohl die liebende Mutter als auch die häßlichen kleinen Küken. Es ist leicht, sich mit den blinden, nackten und nach Zuwendung schreienden Jungen zu identifizieren. Wir vereinen in der Tat beide Aspekte in uns: etwas, das nicht sonderlich schön ist, und etwas, das dennoch heiß geliebt wird. Ob dies nun unsere Einstellung uns selbst oder anderen gegenüber ist, es ist auf jeden Fall der Schlüssel zum Liebenlernen. Wir bleiben bei uns oder anderen, ob wir nun nach Fressen schreien und noch keine Federn haben oder ob wir schon etwas größer geworden und nach weltlichen Standards „niedlicher" sind.

Wenn wir Liebende Güte entwickeln, dann schulen wir uns zuerst darin, aufrichtig, liebevoll und barmherzig zu uns selbst zu sein. Statt die Selbstverachtung zu nähren, beginnen wir eine klarsichtige Freundlichkeit zu kultivieren. Manchmal fühlen wir uns gut und stark. Manchmal fühlen wir uns ungenügend und schwach. Aber wie die Mutterliebe, ist auch Maitrî bedingungslos. Und ganz gleich, wie wir uns fühlen, wir können in jeder Situation nach dem Glück streben. Wir können lernen, auf eine Weise zu handeln und zu denken, die die Saat künftigen Wohlergehens sät, indem wir allmählich immer klarer sehen, was Glück verursacht und was Unglück. Es ist schwierig, wenn nicht gar unmöglich, wahrhaft Liebende Güte für andere zu empfinden, wenn wir sie nicht uns selbst entgegenbringen können.

6

Liebende Güte und Meditation

Wenn wir beginnen zu meditieren oder mit irgendeiner anderen spirituellen Disziplin zu arbeiten, dann meinen wir oft, daß wir dadurch irgendwie zu besseren Menschen werden. Das ist eine subtile Form der Verachtung dessen, was wir tatsächlich sind. Das ist etwa so, als sagten wir: „Wenn ich joggen würde, wäre ich sicher ein besserer Mensch.“ – „Wenn ich ein schöneres Haus hätte, dann wäre ich sicher ein besserer Mensch.“ – „Wenn ich nur meditieren und ruhiger werden könnte, dann wäre ich sicher ein besserer Mensch.“ Das Szenario könnte auch darin bestehen, daß wir anderen die Schuld geben. So sagen wir vielleicht: „Es liegt nur an meinem Mann, daß ich keine perfekte Ehe habe." – „Mit meinem Job wäre alles prima, wenn mein Chef und ich nur besser miteinander auskämen." – „Meine Meditation wäre ganz wunderbar, wenn mein Geist mir nicht solche Schwierigkeiten machen würde."

Doch Maitrî, Liebende Güte, uns selbst gegenüber zu praktizieren bedeutet nicht, daß wir irgend etwas loswerden müssen. Maitrî bedeutet, daß wir ruhig verrückt oder wütend sein können. Wir können ruhig schüchtern oder eifersüchtig sein oder uns wertlos fühlen. Bei der Übung von Meditation geht es nicht darum, uns selbst wegzuwerfen und etwas Besseres zu werden. Es geht vielmehr darum, uns mit dem anzufreunden, was wir sind. Die Grundlage der Praxis, das sind du und ich, und zwar so, wie wir genau jetzt sind. Das beginnen wir mit ungeheurer Neugier und Faszination zu entdecken.

Zur Neugier gehört, daß wir freundlich, präzise und offen sind – wirklich in der Lage, loszulassen und offen zu sein. Freundlichkeit ist ein Sinn für Gutherzigkeit gegenüber uns selbst. Präzision heißt, daß wir klar sehen können und keine Angst davor haben zu sehen, was wirklich los ist. Offenheit ist die Fähigkeit, loszulassen und uns zu öffnen. Wenn es uns gelingt, diese Art von Ehrlichkeit, Freundlichkeit und Gutherzigkeit an den Tag zu legen, kombiniert mit klarem Sehen unserer selbst, dann kann uns nichts daran hindern, auch anderen gegenüber Liebende Güte zu empfinden.

7

Warum meditieren?

Wir sollten nicht unterschätzen, wie niedrig für uns als Spezies die Toleranzgrenze gegenüber Unbehagen ist. Wenn man uns also ermutigt, bei unserer Verwundbarkeit zu verweilen, so ist das eine Botschaft, die wir gut gebrauchen können. Das Sitzen in Meditation hilft uns dabei, das zu lernen. Das Sitzen in Meditation, auch Achtsamkeits-Gewahrseins-Praxis genannt, ist das Fundament für die Bodhichitta-Schulung. Es ist der Heimatboden für den Krieger-Bodhisattva.

Das Sitzen[3] gibt uns einen Weg an die Hand, näher an unsere Gedanken und Emotionen heranzukommen und mit unserem Körper in Kontakt zu treten. Es ist eine Methode, bedingungslose Freundlichkeit gegenüber uns selbst zu entwickeln und den Schleier der Gleichgültigkeit zu durchdringen, der uns vom Leiden der anderen trennt. Es ist das Vehikel, durch das wir lernen, ein wirklich liebevoller Mensch zu sein.

Durch die Meditation lernen wir allmählich, daß es Lücken in unserem inneren Dialog gibt. Mitten in unseren andauernden Selbstgesprächen erfahren wir eine Pause; es ist, als erwachten wir aus einem Traum. Wir erkennen, daß wir fähig sind, uns mit der Klarheit, dem Raum und der nach überall offenen Bewußtheit, die bereits in unserem Geist vorhanden sind, anzufreunden. Wir erfahren Momente, in denen wir einfach nur genau hier sind und die sich schlicht, unmittelbar und unverstellt anfühlen.

Dieses Immer-wieder-in-die-Unmittelbarkeit-unserer-Erfahrung-Zurückkehren ist die Schulung im bedingungslosen oder absoluten Bodhichitta. Indem wir einfach hier bleiben, entspannen wir uns immer mehr in die offene Dimension unseres Seins hinein. Es fühlt sich an, als träten wir aus einer Phantasiewelt heraus und entdeckten die simple Wahrheit.

8

Die Sechs Punkte der Haltung

Das Sitzen beginnt mit einer guten Haltung. Wenn wir in unserem Körper entspannt und zu Hause sein wollen, brauchen wir nur der Sechs Punkte der Haltung gewahr zu sein. Es geht um folgendes:

1. *Sitz:* Ob Sie auf einem Kissen auf dem Boden oder auf einem Stuhl sitzen, die Sitzfläche sollte gerade und weder nach links oder rechts noch nach vorn oder hinten geneigt sein.
2. *Beine:* Die Beine sollten vor Ihnen bequem überkreuzt sein. Wenn Sie auf einem Stuhl sitzen, sollten die Füße flach auf

dem Boden stehen und die Knie etwa ein bis zwei Faustbreit von einander entfernt sein.

3. *Rumpf:* Der Rumpf (vom Kopf bis zur Sitzfläche) ist aufrecht, mit starkem Rücken und offener Vorderseite. Wenn Sie auf einem Stuhl sitzen, sollten Sie sich besser nicht anlehnen. Wenn Sie zusammensacken, richten Sie sich einfach wieder auf.
4. *Hände:* Die Hände ruhen mit den geöffneten Handflächen nach unten auf den Oberschenkeln.
5. *Augen:* Die Augen sind offen, was zeigt, daß Sie wach bleiben wollen, aber mit weichem Blick auf nichts fokussiert. Der Blick ist sanft abwärts gerichtet, so daß er etwa einen Meter (bzw. zwei Meter, wenn Sie auf einem Stuhl sitzen) vor Ihnen auf dem Bode ruht.
6. *Mund:* Der Mund ist ganz leicht geöffnet, so daß der Kiefer entspannt ist und die Luft leicht durch Mund und Nase strömen kann. Die Spitze der Zunge berührt den Gaumen hinter den oberen Schneidezähnen.

Wann immer Sie sich zur Meditation hinsetzen, überprüfen Sie Ihre Haltung anhand dieser sechs Punkte. Sobald Sie abgelenkt werden, bringen Sie Ihre Aufmerksamkeit dadurch, daß Sie auf die sechs Punkte achten, wieder zum Körper zurück.

9

Unsere wahre Geschichte gibt es nicht

Wir verweben Meinungen, Vorurteile, Strategien und Gefühle miteinander zu einer soliden Realität und machen damit eine große Sache aus uns selbst, aus unserem Schmerz, aus unseren Problemen. Aber die Dinge sind längst nicht so fest, vorhersagbar oder nahtlos, wie sie scheinen.

Beim Sitzen besteht unsere Übung darin, zu beobachten, wie unsere Gedanken aufsteigen, sie als „Denken“ zur Kenntnis zu nehmen und dann zum Atem zurückzukehren. Wollen wir den Anfang, die Mitte und das Ende eines jeden Gedankens finden, dann stellen wir bald fest, daß es so etwas gar nicht gibt. Zu versuchen, den Moment zu finden, in dem ein Gedanke zum nächsten wird, das ist, als wollten wir den Moment finden, in dem kochendes Wasser zu Dampf wird. Allerdings reihen wir gewohnheitsmäßig unsere Gedanken zu einer Geschichte auf, die uns weismacht, daß unsere Identität, unser Glück, unser Schmerz und unsere Probleme lauter solide und voneinander getrennte Dinge sind. In Wirklichkeit ändern sich all diese Konstrukte ständig, genauso wie unsere Gedanken. Jede Situation, jeder Gedanke, jedes Wort, jedes Gefühl ist bloß eine flüchtige Erinnerung.

Weisheit ist etwas Flüssiges, nichts Festes, das sich ansammeln oder messen ließe. Der Krieger-Bodhisattva schult sich in der Überzeugung, daß alles ein Traum ist. Das Leben ist ein Traum; der Tod ist ein Traum; der Wachzustand ist ein Traum, der Schlaf ist ein Traum. Dieser Traum ist die Unmittelbarkeit unserer Erfahrung. Wollen wir an irgend etwas in dieser Erfahrung festhalten, indem wir an unsere eigene Geschichte glauben, dann blockiert das unsere Weisheit.

10

Sitzen

Die Meditation ist eine formelle Methode, uns daran zu gewöhnen, leichter und lichter zu werden. Ich möchte Ihnen raten, den Anweisungen genau zu folgen, innerhalb dieser Form aber freundlich mit sich umzugehen. Die ganze Angelegenheit sollte *sanft* sein. Wenn Sie ausatmen, seien Sie des ausströmenden Atems gewahr. Spüren Sie, wie der Atem in den großen Raum hinausfließt und sich in ihn auflöst. Sie versuchen nicht, den Atem in den Griff zu bekommen oder zu kontrollieren, Sie entspannen sich einfach mit dem Atem nach außen. Es gibt keine besonderen Anweisungen dazu, was Sie beim Einatmen tun sollten – nichts, woran Sie sich bis zum nächsten Ausatem festhalten können. Unsere Gedanken während der Meditationsübung als „Denken" zur Kenntnis zu nehmen ist ein machtvolles Hilfsmittel, das uns wieder mit der frischen, offenen, unvoreingenommenen Dimension unseres Geistes verbindet. Wenn wir gewahr werden, daß wir denken, dann sagen wir auf unvoreingenommene Weise und mit großer Freundlichkeit „Denken" zu uns selbst. Dann wenden wir unsere Aufmerksamkeit wieder dem Atem zu. Wir betrachten die Gedanken als Luftblasen, und wenn wir sie zur Kenntnis nehmen, dann ist das, als berührten wir sie mit einer Feder. Da ist bloß diese leichte Berührung – „Denken" –, und schon lösen sie sich wieder in den Raum auf. Auch wenn Sie sich immer noch nervös und angespannt fühlen, wenn die Gedanken verschwinden, lassen sie dieses Gefühl einfach da sein, von Raum umgeben. Lassen Sie es einfach sein. Und wenn wieder Gedanken auftauchen, dann sehen Sie sie als das, was sie sind. Das ist keine große Sache. Sie können sich entspannen und leichter und lichter werden.

Der Moment in der Meditationspraxis, in dem Sie „Denken" sagen, ist sehr interessant. An diesem Punkt können Sie sich nämlich bewußt darin schulen, freundlich zu sein und eine vorurteilsfreie Einstellung zu kultivieren. Liebende Güte ist bedingungslose Freundlichkeit. Jedes Mal, wenn Sie „Denken" zu sich selbst sagen, kultivieren Sie eine bedingungslose Freundlichkeit all dem gegenüber, was in Ihrem Geist auftaucht. Da es gar nicht einfach ist, zu einem solch unbedingten Mitgefühl zu kommen, ist es etwas äußerst Kostbares, eine solch einfache und direkte Methode zum Erwecken dieses Mitgefühls zu besitzen.

II

Die vier Eigenschaften der Maitrî

Die Meditation nimmt uns so, wie wir sind, mit unserer Verblendung und unserer Geistesklarheit. Diese vollständige Annahme unserer selbst, wie wir sind, ist eine schlichte, unmittelbare Beziehung zu unserem Sein. Man nennt das Maitrî. Wenn wir meditieren, kultivieren wir vier Eigenschaften der Maitrî:

1. *Beständigkeit:* Wenn wir Meditation üben, stärken wir unsere Fähigkeit, uns selbst in Körper und Geist gegenüber beständig zu sein.
2. *Klares Sehen:* Klares Sehen ist ein anderer Ausdruck dafür,

daß wir uns weniger über uns selbst täuschen. Indem wir die Meditationstechnik über viele Jahre tagein und tagaus praktizieren, werden wir immer ehrlicher mit uns selbst.

3. *Unsere emotionale Not erfahren:* Wir üben, die Geschichten, die wir uns selbst erzählen, fallenzulassen und uns auf die Gefühle und die Angst einzulassen. Wir bleiben bei dem Gefühl, erfahren es und lassen es so, wie es ist, ohne es aufzubauschen. So schulen wir uns darin, unser ängstliches Herz für die Ruhelosigkeit unserer eigenen Energie zu öffnen. Wir lernen, bei der Erfahrung unserer emotionalen Not zu bleiben.
4. *Aufmerksamkeit auf den gegenwärtigen Moment:* Wir entscheiden uns dafür, Moment für Moment völlig hier zu sein. Auf den Körper und Geist des gegenwärtigen Augenblicks zu achten, ist eine Weise, zärtlich mit uns selbst, mit anderen und mit der Welt umzugehen. Diese Qualität der Aufmerksamkeit ist ein Aspekt unserer Fähigkeit zu lieben.

Diese vier Faktoren gelten nicht nur für die Sitzmeditation, sondern sind auch für alle Bodhichitta-Übungen und für unseren Umgang mit schwierigen Situationen in unserem täglichen Leben wesentlich. Wenn wir diese Eigenschaften kultivieren, beginnen wir uns zum Krieger zu schulen. Wir entdecken für uns selbst, daß Bodhichitta das Grundlegende ist und nicht etwa Verblendung.

12

Die Wurzel des Leidens

Das, was uns unglücklich und in einer eingeengten Sicht der Wirklichkeit festgefahren sein läßt, ist unsere Neigung, nach Lust zu streben und dem Schmerz aus dem Wege zu gehen, Sicherheit zu suchen und die Bodenlosigkeit zu meiden, sich Annehmlichkeiten zu wünschen und Unannehmlichkeiten abzulehnen. Auf diese Weise spinnen wir uns in einen Kokon ein. Da draußen sind all die Planeten und Milchstraßen und der unendliche Weltraum, aber wir stecken hier in diesem Kokon fest. Moment für Moment entscheiden wir uns dafür, lieber in diesem Kokon zu bleiben als in diesen weiten Raum hinauszutreten. Das Leben in unserem Kokon ist bequem und sicher. Hier ist alles in bester Ordnung. Er ist sicher, er ist vorhersagbar, er ist angenehm, und wir können uns darauf verlassen. Wenn wir uns nicht ganz wohl fühlen, dann kleistern wir einfach alle Lücken zu.

Unser Geist sucht immer nach einer Zone der Sicherheit. Wir bleiben in dieser Zone der Sicherheit und halten dies für das Leben – wenn alles in Ordnung und rundum sicher ist. Tod bedeutet, dies zu verlieren. Wir fürchten, unsere Illusion der Sicherheit zu verlieren – darum haben wir Angst. Wir haben Angst davor, durcheinander zu sein und nicht mehr zu wissen, wo es langgeht. Wir wollen immer genau wissen, was los ist. Der Geist sucht immer solche Zonen der Sicherheit, und diese Zonen der Sicherheit brechen ständig in sich zusammen. Dann bemühen wir uns hastig darum, eine neue Zone der Sicherheit zustande zu bringen. Wir verwenden unsere ganze Energie darauf und verschwenden unser Leben damit, solche Zonen der Sicherheit herzustellen, die doch bloß wieder auseinanderfallen. Das ist im Grunde Samsâra – der Kreislauf des Leidens, der daraus entsteht, daß wir ständig das Glück am falschen Ort suchen.

13

Das Wetter und die Vier Edlen Wahrheiten

In der ersten Darlegung des Buddhas, die Vier Edlen Wahrheiten genannt, sprach er über das Leiden. Die erste Edle Wahrheit besagt, daß es zum menschlichen Leben gehört, Unbehagen zu verspüren. Nichts ist immer nur so oder nur so. Der Wind, das Feuer, die Erde, das Wasser um uns herum nehmen ständig andere Erscheinungsformen an – sie sind wie Zauberer. Auch wir selbst verändern uns wie das Wetter. Wir haben Ebbe und Flut, wie das Meer; und wie der Mond, nehmen wir zu und wieder ab. Doch wir sehen einfach nicht, daß wir genau wie das Wetter nicht beständig sind. Und darum leiden wir.

Die zweite Edle Wahrheit besagt, daß Widerstand das grundlegende Verhaltensmuster dessen ist, was wir das Ich nennen, und daß der Widerstand gegen das Leben Leiden erzeugt. In der Tradition heißt es, daß das Festhalten an unserer beschränkten Sichtweise die Ursache des Leidens ist; es ist die Tatsache, daß wir von unserem Ich geradezu besessen sind. Wir wehren uns dagegen, daß wir uns wandeln und im Fluß sind wie das Wetter, daß wir dieselbe Energie haben wie alle Lebewesen. Und wir wehren uns, indem wir versuchen, uns festzusetzen. Wir machen uns fest und hart. Widerstand ist ein anderes Wort für Ego.

Die dritte Edle Wahrheit besagt, daß das Leiden aufhört, wenn wir davon ablassen, unser riesiges ICH um jeden Preis aufrechtzuerhalten. Das ist es, was wir in der Meditation üben. Wenn wir vom Denken und unserer Geschichte ablassen, dann sitzen wir einfach mit der Qualität und der Energie jenes „Wetters" da, das gerade vorherrscht, und gegen die wir uns zu widersetzen versucht haben.

In ihrer Essenz besagt die vierte Edle Wahrheit, daß uns alles, was wir tun, dazu verhelfen kann, zu erkennen, daß wir ein Teil der Energie sind, aus der alles entsteht. Wenn wir lernen, still zu sitzen wie ein Berg in einem Orkan, ungeschützt vor der Wahrheit und Lebendigkeit und Unmittelbarkeit der Tatsache, daß wir nun einmal ein Teil des Lebens sind, dann sind wir nicht mehr dieses abgetrennte Wesen, welches darauf besteht, daß die Dinge nach seiner Pfeife tanzen. Wenn wir aufhören, uns zu widersetzen und das Wetter einfach durch uns hindurch strömen lassen, dann können wir unser Leben vollständig leben. Es liegt an uns.

14

Die Tatsachen des Lebens: Vergänglichkeit

Der Buddha lehrte, daß es drei Grundcharakteristika des Lebens aller Lebewesen gibt: *Vergänglichkeit, Ichlosigkeit*[4] und *Leiden* oder *Ungenügen.* Nach Aussage Buddhas ist das Leben aller Wesen durch diese drei Eigenschaften gekennzeichnet. Wenn wir diese Eigenschaften in unserer eigenen Erfahrung als wirklich und wahr erfahren, dann hilft uns das, mit den Dingen, wie sie sind, im reinen zu sein. Das erste Kennzeichen ist Vergänglichkeit. Daß nichts statisch oder fest ist, daß alles fließend und vergänglich ist, ist das erste Kennzeichen der Existenz. Wir brauchen keine Mystiker oder Physiker zu sein, um das zu wissen. Und doch sträuben wir uns auf der Ebene unserer persönlichen Erfahrung, diese grundlegende Tatsache anzuerkennen. Das heißt nämlich, daß es nicht nur Gewinn, sondern auch Verlust gibt – und das mögen wir gar nicht.

Wir wissen, daß alles vergänglich ist; wir wissen, daß alles sich abnutzt. Auch wenn wir dieser Wahrheit intellektuell zustimmen mögen, haben wir doch emotional eine tiefverwurzelte Abneigung dagegen. Wir wollen Dauer; wir *erwarten* Dauer. Es ist unsere ganz natürliche Neigung, Sicherheit zu suchen. Und wir glauben daran, daß wir sie finden können. Auf der Ebene des Alltags erfahren wir Vergänglichkeit als Frustration. Also benutzen wir unsere alltäglichen Aktivitäten als Schutzschild gegen die grundlegende Ungewißheit unserer Situation und verwenden unglaubliche Energie auf den Versuch, Vergänglichkeit und den Tod abzuwenden. Wir mögen es nicht, daß die Form unseres Körpers sich verändert. Es gefällt uns nicht, daß wir altern. Wir fürchten uns vor Falten und schlaffer Haut. Wir benutzen Nahrungsergänzungsmittel, als glaubten wir tatsächlich, daß gerade *unsere* Haut, *unser* Haar, *unsere* Augen und Zähne auf wundersame Weise der Wahrheit der Vergänglichkeit entgehen könnten.

Die buddhistischen Lehren zielen darauf ab, uns von dieser beschränkten Sicht der Dinge zu befreien. Sie ermutigen uns, uns allmählich und aus ganzem Herzen mit der gewöhnlichen und offenkundigen Wahrheit des Wandels anzufreunden. Diese Wahrheit anzuerkennen bedeutet nicht, daß wir schwarz sehen müssen. Es bedeuten nur, daß wir eines zu verstehen beginnen: Wir sind nicht die einzigen, denen es nicht gelingt, alles nach ihrer Pfeife tanzen zu lassen. Wir glauben einfach nicht mehr daran, daß es irgendwo Menschen geben könnte, denen es gelingt, der Ungewißheit und Ungesichertheit zu entgehen.

15

Niemandem ein Leid zufügen

In einer der grundlegenden buddhistischen Lehren geht es darum, wie wir lernen können, weder uns selbst noch anderen ein Leid zuzufügen. Gewaltlosigkeit hat die Macht zu heilen. Weder uns selbst noch anderen zu schaden, ist das Fundament einer erleuchteten Gesellschaft. Wenn wir uns daran hielten, könnte es eine heile Welt geben. Das ganze beginnt mit heilen Bürgern – wir müssen also mit uns selbst anfangen. Die fundamentalste Form der Gewalt wendet sich gegen uns selbst. Der grundlegendste Schaden, den wir uns selbst zufügen können, besteht darin, unwissend zu bleiben, weil wir nicht den Mut und die Selbstachtung aufbringen, uns selbst freundlich und aufrichtig anzusehen. Die Basis des Nichtschadens ist Achtsamkeit; das ist eine Weise des klaren Sehens, die von Respekt vor dem und Mitgefühl mit dem getragen ist, was wir sehen. Das lernen wir durch die grundlegende Übung. Aber Achtsamkeit geht über die formelle Meditationsübung hinaus. Sie hilft uns, mit allen Einzelheiten unseres Lebens umzugehen. Sie hilft uns sehen und hören und riechen, ohne unsere Augen, Ohren und Nase zu verschließen. Wir müssen uns unser ganzes Leben lang darum bemühen, aufrichtig mit der Unmittelbarkeit unserer Erfahrung umzugehen und uns selbst so weit zu achten, daß wir sie nicht beurteilen. Und wenn wir uns von ganzem Herzen auf diese Reise der sanften Aufrichtigkeit einlassen, dann erkennen wir mit Schrecken, wie sehr wir unsere Augen vor bestimmten Weisen der Gewaltanwendung verschlossen haben.

Es ist schmerzlich, einzusehen, auf welche Weise wir anderen Schaden zufügen, und es braucht eine Weile, bis wir das zulassen können. Aber wir gelangen schließlich dazu, weil wir uns der Freundlichkeit und Ehrlichkeit verpflichtet haben, weil wir uns vorgenommen haben, wach und achtsam zu bleiben. Aufgrund der Achtsamkeit sehen wir unsere Gier und unseren Zorn, unseren Neid und unsere Unwissenheit. Wir leben sie nicht aus, wir sehen sie einfach. Ohne Achtsamkeit sehen wir sie nicht – und sie breiten sich immer weiter aus.

16

Der Dharma

Beim Dharma – der Lehre Buddhas – geht es darum, von der Geschichte, die wir uns selbst erzählen, abzulassen und uns dem zu öffnen, *was ist:* den Menschen in unserem Leben, den Situationen, in denen wir uns finden, unseren Gedanken, unseren Gefühlen. Wir haben ein bestimmtes Leben, und wie immer dieses Leben auch aussehen mag, es ist ein Hilfsmittel zum Aufwachen.

Oft hören wir die Lehren so subjektiv gefärbt, daß wir glauben, sie sagten uns, was richtig und was falsch ist. Aber der Dharma sagt uns niemals, was richtig oder was falsch ist. Er ermutigt uns nur dazu, es selbst herauszufinden. Da wir uns jedoch der Worte bedienen müssen, machen wir bestimmte Aussagen. Wir sagen zum Beispiel: „Die tägliche Praxis besteht einfach darin, das vollkommene Annehmen aller Situationen, Gefühle und Menschen zu entwickeln." Das hört sich so an, als sei es richtig, das zu tun – und es nicht zu tun, sei falsch. Aber das bedeutet diese Aussage nicht. Sie bedeutet vielmehr, daß wir für uns selbst herausfinden können, was richtig und was falsch ist.

Versuchen Sie einmal, auf diese Weise zu leben, und sehen Sie, was dann passiert. Sie werden sich mit all Ihren Zweifeln und Ängsten und Hoffnungen konfrontiert sehen und werden damit umgehen müssen. Wenn Sie beginnen, so zu leben – mit diesem Gefühl des „Was hat das zu bedeuten? –, dann wird Ihr Leben auf einmal sehr interessant. Nach einer Weile vergessen Sie sogar, daß Sie die Frage gestellt haben. Sie üben einfach Meditation oder Sie leben einfach Ihr Leben, und Sie haben Einsicht – eine neue Sicht auf das, was wahr ist. Die Einsicht kommt plötzlich. Es ist, als tappten Sie im Dunkeln herum, und plötzlich schaltete jemand alle Lichter ein und ein Palast würde sichtbar. Der war schon die ganze Zeit da. Aber für uns fühlt es sich so an, als hätten wir etwas entdeckt, von dem noch niemand etwas gewußt hat. Und zugleich ist es völlig normal und einfach.

17

Die Übung von Achtsamkeit und Zurückhaltung

Zu einem Menschen des Dharma wird man vor allem durch Zurückhaltung. Zurückhaltung ist das Vermögen, nicht sofort nach Ablenkung zu gieren, sobald wir uns auch nur ein bißchen langweilen. Die Methode besteht darin, zu üben, eine Lücke, die sich auftut, nicht gleich auszufüllen.

Eine interessante Übung, die Achtsamkeit und Zurückhaltung miteinander kombiniert, besteht darin, Ihre körperlichen Bewegungen zu beobachten, wenn Sie sich unwohl fühlen. Wenn wir das Gefühl haben, ins Schwimmen zu geraten, dann machen wir alle möglichen kleinen nervösen Bewegungen. Sie bemerken vielleicht, daß Sie, wenn Sie sich unbehaglich fühlen, an Ihrem Ohrläppchen zupfen oder sich irgendwo kratzen, wo es gar nicht juckt, oder Ihren Kragen geradeziehen oder so etwas. Wenn Sie bemerken, was Sie da tun, versuchen Sie nicht, es zu ändern. Kritisieren Sie sich nicht dafür, was immer es auch sein mag. Bemerken Sie einfach, was es ist.

Zurückhaltung – das heißt, nicht impulsiv alles auszuagieren – hat etwas damit zu tun, daß Sie die Geisteshaltung aufgeben, die auf Unterhaltung aus ist. Aufgrund von Zurückhaltung sehen wir, daß es zwischen dem Entstehen des Verlangens – oder des Zorns oder der Einsamkeit oder was immer es ist – und der als Reaktion daraus folgenden Aktivität eine Lücke gibt. Es gibt da etwas in uns, das wir nicht erfahren möchten und das wir auch nie erfahren, weil wir so schnell zum Handeln übergehen. Die Übung von Achtsamkeit und Zurückhaltung ist eine Weise, mit der grundlegenden Bodenlosigkeit in Berührung zu kommen – und zu erkennen, wie wir versuchen, diese zu meiden.

18

Laß es sein, wie es ist

Es ist eine Hilfe, wenn wir uns immer wieder daran erinnern, daß Meditation darin besteht, sich allem, was entsteht, zu öffnen und es einfach sein zu lassen, ohne wählerische Wahl. Es geht bei der Meditation ganz bestimmt nicht darum, irgend etwas zu verdrängen, und sie soll uns auch nicht dazu animieren, an irgend etwas festzuhalten. Allen Ginsberg benutzte den Ausdruck „geistige Überraschung". Sie setzen sich hin und – Wumm! – taucht eine ziemlich eklige Überraschung auf. Na und? In diesem Moment geht es nicht darum, irgend etwas zurückzuweisen, sondern die Sache mitfühlend als „Denken" zur Kenntnis zu nehmen und sie dann loszulassen. Dann plötzlich – He! – taucht eine sehr angenehme Überraschung auf. Na und? In diesem Moment geht es nicht darum, an irgend etwas festzuhalten, sondern die Sache mitfühlend als „Denken“ zur Kenntnis zu nehmen und sie dann loszulassen.

Es gibt Überraschungen ohne Ende. Milarepa – der tibetische Yogi aus dem zwölften Jahrhundert, der wunderbare Lieder über den Weg der Meditation gedichtet hat – sagte, im Geist gäbe es mehr Projektionen als Staubkörner in einem Sonnenstrahl, und selbst mit Hunderten von Speeren könne man diese nicht loswerden. Als Meditierende brauchen wir also gar nicht erst gegen unsere Gedanken anzugehen, und wir können erkennen, daß Ehrlichkeit und Humor viel inspirierender und hilfreicher sind als jede Art von feierlicher religiöser Anstrengung für oder gegen etwas.

Auf jeden Fall geht es nicht darum, die Gedanken loszuwerden, sondern ihre wahre Natur zu durchschauen. Wenn wir sie ernst nehmen, werden die Gedanken zu einer ewig klappernden Mühle. Aber im Grunde sind sie nicht mehr als Traumbilder. Sie sind wie eine Fata morgana – nichts wirklich Greifbares. Sie sind, wie wir uns selbst immer wieder sagen, einfach nur Denken.

19

Mit den Losungen arbeiten

Um die Logik des Egos umzukehren, üben wir mit den Krieger-Losungen von Atîsha, einem indischen Lehrmeister, der im elften Jahrhundert von Indien nach Tibet kam. Diese Losungen enthalten Aussagen wie: „Sei nicht neidisch“, und wenn Sie das hören, fragen Sie sich vielleicht: „Woher hat er das denn gewußt?“ Oder es heißt: „Sei dankbar gegenüber jedermann“, und Sie fragen sich, wie man das wohl macht oder wozu das gut sein soll. Einige Losungen, wie etwa „Meditiere immer über alles, was deine Ablehnung hervorruft“, fordern Sie auf, über das Jedermannsbewußtsein hinauszugehen. Die Losungen sind nicht immer das, was Sie gern hören möchten, und Sie werden sie oft nicht sonderlich inspirierend finden.

Wenn wir wirklich mit den Losungen arbeiten, werden sie so natürlich wie unser Atem, wie unser Sehen, wie unser erster Gedanke. Sie werden wie die Gerüche, die wir riechen, und die Geräusche, die wir hören. Wir können unser ganzes Sein von ihnen durchdringen lassen. Darum geht es. Diese Losungen sind nicht theoretisch oder abstrakt, es geht darin um das, was wir sind und was uns widerfährt. Sie haben sehr viel zu tun mit unserer Art, die Dinge zu erfahren, damit, wie wir mit dem umgehen, was uns im Leben begegnet. Es geht dabei darum, wie wir mit Schmerz, Angst, Lust und Freude umgehen und wie uns diese Dinge voll und ganz transformieren können. Wenn wir mit den Losungen arbeiten, wird das gewöhnliche Leben zum Pfad des Erwachens.

20

Losung: „Alles, was du tust, solltest du mit einer Absicht unternehmen“

Einatmen, ausatmen, wütend sein, glücklich sein, fähig sein, Dinge loszulassen, nicht fähig sein, Dinge loszulassen, essen, Zähne putzen, gehen, sitzen – was immer wir tun, ließe sich mit einer Absicht tun. Diese Absicht ist, daß wir aufwachen wollen, daß wir unser Erbarmen ausreifen lassen wollen, daß wir unsere Fähigkeit loszulassen ausreifen lassen wollen, daß wir unsere Verbundenheit mit allen Wesen erkennen wollen. Alles in unserem Leben hat das Potential, uns aufzuwecken oder uns einzulullen. Es liegt an uns, ob wir den Dingen erlauben, uns aufzuwecken.

21

Pfeile in Blumen verwandeln

In der Nacht, in der Buddha zum Erwachten werden sollte, saß er unter einem Baum. Während er dort saß, beschossen die Armeen Mâras ihn mit Pfeilen, um ihn abzulenken und so zu verhindern, daß er Erleuchtung erlangte. Aber durch sein Gewahrsein verwandelte er ihre Geschosse in Blüten.

Die traditionellen Lehren über die Mächte Mâras behandeln die Natur von Hindernissen; sie zeigen, wie der Mensch sich gewöhnlich verwirren läßt und das Zutrauen zu seinem grundlegenden Weisheitsgeist verliert. Die Unterweisungen über die vier Mâras beschreiben einige der üblichen Weisen, auf die wir versuchen, dem, was geschieht, aus dem Weg zu gehen. Doch es ist uns ebenso wie dem Buddha möglich, diese Pfeile in Blüten zu verwandeln. Statt zu versuchen, uns von einem Hindernis zu befreien, oder uns auf das Gefühl, angegriffen zu werden, einzulassen, können wir die Situation dazu nutzen, herauszufinden, was wir im allgemeinen tun, wenn wir in Bedrängnis geraten. Schotten wir uns ab, oder öffnen wir uns? Werden wir wütend, oder werden wir weicher? Werden wir weiser oder dümmer?

1. *Devaputra Mâra:* Hierzu gehört das Streben nach Lust. Jedes Hindernis, dem wir begegnen, droht die Seifenblase der Realität, die wir für sicher und gewiß halten, zum Platzen zu bringen. Wenn wir uns derart bedroht fühlen, ertragen wir es nicht, den Verdruß, die Angst, die Hitze des aufsteigenden Zorns sowie den bitteren Geschmack des Hasses einfach zu erfahren. Deshalb greifen wir nach allem, von dem wir glauben, es könnte diese Erfahrung übertünchen. Wir versuchen, uns an etwas Angenehmem festzuhalten. Doch die Methode, diesen Pfeil in eine Blüte zu verwandeln, besteht darin, unser Herz zu öffnen und uns anzusehen, wie wir uns davonmachen wollen. Wir können das Streben nach Lust als eine Gelegenheit nutzen, zu beobachten, was wir angesichts des Schmerzes tun.
2. *Skandha Mâra:* Hier geht es um unsere Versuche, uns selbst wieder neu zu erschaffen, wenn alles zusammengebrochen ist. Wir kehren so schnell wie möglich auf den festen Boden der Ich-Empfindung zurück. Trungpa Rinpoche nannte dies die „Sehnsucht nach Samsâra“. Doch wenn alles zusammenbricht, müssen wir uns nicht unbedingt beeilen, unsere Vorstellung von unserem Ich wiederzuerlangen. Wir können die Situation auch als eine Gelegenheit nutzen, das, was gerade geschehen ist, offen und neugierig zu betrachten und zu sehen, was als nächstes passiert. Das ist die Methode, diesen Pfeil in eine Blüte zu verwandeln.
3. *Klesha Mâra:* Hier geht es um starke Gefühle. Statt die Gefühle einfach sein zu lassen, verweben wir sie in eine

Geschichte, durch die noch heftigere Gefühle erzeugt werden. Wir alle benutzen Gefühle dazu, wieder Boden unter die Füße zu bekommen, wenn alles zusammengebrochen ist. Wir können diesen Pfeil in eine Blüte verwandeln, wenn wir starke Gefühle als einen Weg benutzen, wahres Erbarmen mit uns selbst und mit anderen zu entwickeln.

4. *Yama Mâra:* Hier geht es um unsere Angst vor dem Tod. Wir löschen solche Moment der Angst aus, indem wir unsere Erfahrung kontrollieren. Wir wollen an dem festhalten, was wir haben. Wir wollen, daß jede Erfahrung uns bestätigt und uns beglückwünscht und uns das Gefühl gibt, das alles in Ordnung sei. Man sagt zwar, Yama Mâra sei die Angst vor dem Tod, aber in Wirklichkeit ist es die Angst vor dem Leben. Wir können diesen Pfeil in eine Blüte verwandeln, indem wir uns von dem Wunsch, Kontrolle auszuüben, daran erinnern lassen, jeden Augenblick ganz neu und ganz frisch zu erfahren. Wir können immer zum grundlegenden Weisheitsgeist zurückkehren.

22

Es gibt nichts Festes

Wenn wir uns mit Hilfe all unserer Gewohnheiten und Strategien von unserer Erfahrung, vom gegenwärtigen Moment entfernen, dann führt das am Ende immer zu Unruhe, Ungenügen und Unglücklichsein. Das angenehme Gefühl, das wir mit der Verfestigung verbinden – damit, die Dinge greifbar zu machen –, ist sehr flüchtig, sehr kurzlebig.

Uns auf unsere Erfahrung einzulassen – ob es nun die Erfahrung der Öffnung in der Liebe und dem Erbarmen ist oder die der Abkapselung wie im Ärger und der Trennung – bringt ein großartiges Gefühl der Freiheit mit sich. Es ist die Freiheit des

Wissens darum, daß es nichts Festes gibt. Dieses „nichts Festes" wird geradezu zu einem Synonym von Freiheit. Während wir dies üben, wird uns klar, daß es angenehmer ist, völlig gegenwärtig in unserem Leben zu sein als damit beschäftigt, alles fest und sicher zu machen, indem wir uns in unseren Phantasien ergehen oder unseren Gewohnheitsmustern nachgeben. Wir erkennen, daß unsere Erfahrung sich besser anfühlt, wenn wir damit auf Tuchfühlung gehen und uns nicht dagegen wehren und vor ihr davonlaufen. Wir ziehen es vor, völlig da zu sein und nicht zu flüchten, auch wenn es wehtut.

Üben wir, uns derart auf den gegenwärtigen Augenblick einzulassen, dann machen wir uns mit der Bodenlosigkeit vertraut – einem ganz frischen Bewußtseinszustand, der uns jederzeit zugänglich ist. Dieses Sich-Lösen von Bequemlichkeit und Sicherheit, dieser Schritt hinaus ins Unbekannte, Unerforschte, Ungewisse – das nennt man Befreiung.

23

Die Tatsachen des Lebens: Ichlosigkeit

Das zweite Kennzeichen der Existenz ist Ichlosigkeit, die manchmal auch *Nicht-Selbst* genannt wird. Diese Wörter können irreführend sein. Sie bedeuten nicht, daß wir verschwinden oder unsere Persönlichkeit auslöschen. Ichlosigkeit bedeutet, daß die fixe Idee von uns selbst als etwas, das solide und von allem anderen getrennt ist, uns auf schmerzliche Weise einengt. Daß wir uns selbst so ernst nehmen, daß wir nach unserer eigenen Vorstellung so wahnsinnig wichtig sind, ist ein Problem. Dieses Sich-wichtig-Nehmen ist ein Gefängnis für uns, das uns in der Welt unserer Vorlieben und Abneigungen gefangen hält. Schließlich sind wir von uns selbst und unserer Welt zu Tode gelangweilt. Es läuft darauf hinaus, daß wir sehr, sehr unzufrieden sind.

Wir haben zwei Möglichkeiten: Entweder wir halten alles für sicher und wirklich – oder wir tun es nicht. Entweder wir akzeptieren unsere festgelegten Versionen der Wirklichkeit – oder wir fangen an, sie zu hinterfragen. Nach der Ansicht Buddhas ist der beste Gebrauch, den wir von unserem menschlichen Leben machen können, uns dazu zu schulen, stets offen und neugierig zu bleiben, und die Barrieren aufzulösen, die wir zwischen uns und der Welt errichtet haben.

Um es einmal ganz einfach zu sagen: Ichlosigkeit ist eine flexible Identität. Sie manifestiert sich als Forschungsdrang, als Anpassungsfähigkeit, als Humor, als eine spielerische Einstellung. Wir sind tatsächlich fähig, uns mit der Tatsache anzufreunden, daß wir nichts wissen, daß wir nicht alles in unserem Sinne regeln können, daß wir einfach nicht sicher sein können, wer wir wirklich sind – und wer all die anderen sind. Jeder Augenblick ist einzigartig, unbekannt, vollkommen frisch. Für jemanden, der sich zum Krieger schult, ist die Ichlosigkeit Anlaß zur Freude und nicht zur Angst.

24

In der Mitte bleiben

Offenheit ergibt sich nicht daraus, daß wir uns unseren Ängsten widersetzen, sondern daraus, daß wir sie gut kennenlernen. Doch wir können keine Furchtlosigkeit kultivieren, ohne die Funktionsweise des Egos mitfühlend zu erforschen. Also fragen wir uns: „Was geschieht, wenn ich das Gefühl habe, mit dem, was passiert, nicht mehr zurechtzukommen? Welche Geschichten erzähle ich mir selbst? Wovon fühle ich mich angezogen, wovon abgestoßen? Worin suche ich Kraft, und worauf vertraue ich?"

Das erste, was in der Meditation geschieht, ist, daß wir sehen, was passiert. Wir laufen zwar immer noch davon und lassen uns immer noch gehen, aber wir sehen klar, was wir da tun. Wir nehmen unsere Abneigungen und unser Verlangen zur Kenntnis. Wir machen uns mit den Strategien und Überzeugungen vertraut, die wir dazu benutzen, unseren Kokon zu festigen. Mit Achtsamkeit als Methode beginnen wir neugierig zu untersuchen, was los ist. Für ziemlich lange Zeit sehen wir das dann einfach sehr klar. Doch in dem Maße, in dem wir bereit sind zu sehen, wie wir uns gehen lassen und Dinge verdrängen, beginnen sich diese Verhaltensweisen abzunutzen. Sich abnutzen ist nicht ganz dasselbe wie verschwinden. Es entsteht vielmehr eine weitere, großzügigere, erleuchtetere Perspektive.

Die Methode, in der Mitte zwischen dem Sich-gehen-lassen und dem Verdrängen zu bleiben, besteht darin, alles, was auftaucht, zur Kenntnis zu nehmen, ohne es zu beurteilen, die Gedanken sich dann einfach auflösen zu lassen und dann zur Offenheit des gegenwärtigen Augenblicks zurückzukehren. Das ist genau das, was wir in der Meditation tun. All diese Gedanken tauchen auf – aber statt sie zu unterdrücken oder darin zu schwelgen, nehmen wir sie zur Kenntnis und lassen sie gehen. Dann kommen wir zum puren Hiersein zurück.

Nach einer Weile beginnen wir auf diese Weise mit der Hoffnung und der Furcht in unserem täglichen Leben umzugehen. Aus heiterem Himmel hören wir einfach auf zu kämpfen und entspannen uns. Wir sehen die Story, die wir uns selbst erzählen, lassen sie fallen und kehren zur Frische des gegenwärtigen Augenblicks zurück.

25

Losung: Halte dich an den hauptsächlichen der beiden Zeugen

Das Wichtigste an der Bodhisattva-Schulung und allen anderen Übungen ist, daß Sie der einzige sind, der weiß, was sich in Ihnen gerade öffnet und was sich verschließt. Sie sind der einzige, der Bescheid weiß. Alle anderen Menschen, die Ihnen ihre Rückmeldungen geben und ihre Meinung sagen, sind eine Art von Zeuge. Man sollte durchaus auf diese Dinge hören; in dem, was die Menschen sagen, steckt eine gewisse Wahrheit. Der Hauptzeuge sind jedoch Sie selbst. Sie sind der einzige Mensch, der weiß, ob Sie sich gerade öffnen oder verschließen. Sie sind der einzige Mensch, der Bescheid weiß, wenn Sie Dinge benutzen, um sich zu schützen und Ihr Ego aufrechtzuerhalten, oder wenn Sie sich öffnen, die Dinge zusammenbrechen lassen und die Welt einfach so kommen lassen, wie sie ist – wenn Sie also *mit* ihr arbeiten, anstatt *gegen* sie anzugehen. Sie sind der einzige Mensch, der wirklich Bescheid weiß.

Eine andere Losung sagt: „Mach aus Göttern keine Dämonen." Das bedeutet, daß man etwas Gutes nehmen kann – zum Beispiel die Übung der Geistesschulung – und es ins Dämonische verkehren kann. Man kann alles dazu benutzen, seine Türen und Fenster zu verschließen. Sie können Ihre spirituelle Praxis dazu verwenden, Ihr Selbstvertrauen aufzublähen oder Ihr Gefühl zu überschätzen, zur rechten Zeit am rechten Ort zu sein und die richtige Religion gewählt zu haben, und so haben Sie vielleicht das Gefühl: „Ich bin auf der Seite des Guten, und mit der Welt ist alles in Ordnung." Das bringt allerdings nicht viel. Wenn man Tonglen oder irgendeine andere spirituelle Praxis dazu benutzt, sich wie ein Held zu fühlen, dann führt das schließlich zu dem Gefühl, im Wettstreit mit der Realität zu stehen – wobei die Realität immer gewinnt. Aber Sie selbst sind der einzige Mensch, der Bescheid weiß.

26

Am Rand des Abgrunds

Die Lehren des Buddhismus sprechen von der Ichlosigkeit. Das hört sich schwer verständlich an: Wovon, verflixt nochmal, reden die da? Wenn in den Lehren von Neurose die Rede ist, dann fühlen wir uns auf vertrautem Grund. Das ist etwas, das wir wirklich verstehen. Aber Ichlosigkeit? Wenn wir an unsere Grenzen stoßen und uns Mühe geben, diesen Bereich sehr gründlich kennenzulernen – wenn wir uns also Mühe geben, uns weder gehen zu lassen noch etwas zu verdrängen –, dann wird eine bestimmte Härte in uns sich auflösen. Die schiere Kraft jeglicher Energie, die gerade aufsteigt – die Energie des Zorns, die Energie der Enttäuschung, die Energie der Angst –, wird uns weicher machen. Wenn wir sie nicht in die eine oder andere Richtung verfestigen, dann dringt diese Energie bis in unser Herz vor und öffnet uns. Dies ist die Entdeckung der Ichlosigkeit. Sie stellt sich ein, wenn alle unsere gewohnten Strategien zusammenbrechen. An unsere Grenzen zu stoßen bedeutet, einen Durchgang zu Geistesklarheit zu finden und zum bedingungslosen Gutsein des Menschen zu gelangen, statt nur einem Hindernis zu begegnen oder eine Bestrafung zu erfahren.

Der sicherste und lohnendste Weg zur Entdeckung der Ichlosigkeit ist die Sitzmeditation. Auf dem Kissen entdecken wir den Dreh, wie man sich weder gehen läßt noch verdrängt, und wir finden heraus, wie es sich anfühlt, wenn wir die Energie einfach da sein lassen. Darum ist es so gut, an jedem einzelnen Tag zu meditieren und uns immer weiter mit unseren Hoffnungen und Ängsten anzufreunden. Dadurch werden Samen gesät, die es uns ermöglichen, mitten im alltäglichen Chaos wacher zu sein. Es ist ein allmähliches Erwachen, und es ist ein kumulativer Prozeß, aber genau so geschehen die Dinge. Wir sitzen nicht in Meditation, um gute Meditierende zu werden. Wir sitzen in Meditation, um in unserem Alltagsleben wacher sein zu können.

27

Die Tatsachen des Lebens: Leiden

Das dritte Kennzeichen der Existenz ist Leiden oder Unbefriedigtsein. Um es kurz zu sagen: Wir leiden, wenn wir uns gegen die edle und unwiderlegbare Wahrheit von Vergänglichkeit und Tod sträuben. Wir leiden nicht, weil wir im Grunde sündig sind und Strafe verdienen, sondern aufgrund von drei tragischen Mißverständnissen.

Zuerst einmal erwarten wir, daß das ständig in Veränderung Befindliche greifbar und vorhersehbar sein sollte. Weil wir das, was sich ständig wandelt, für dauerhaft halten, leiden wir.

Zweitens verhalten wir uns, als seien wir von allem anderen getrennt, als hätten wir eine feste Identität – wo unsere wahre

Situation doch ichlos ist. Weil wir die Offenheit unseres Seins für ein solides, unbestreitbares Ich oder Selbst halten, leiden wir.

Drittens suchen wir immer an den falschen Stellen nach Glück. Der Buddha nannte diese Gewohnheit „Leiden fälschlich für Glück halten". Wir gewöhnen uns daran, sofort nach etwas zu greifen, das einer Situation den Stachel nehmen kann. So fällt es uns zunehmend schwerer, auch nur einmal bei einer flüchtigen Empfindung des Unwohlseins zu verweilen. Was als kleiner Umschwung der Energie beginnt – ein kaum merkliches Zusammenziehen unseres Magens, ein vages, undefinierbares Gefühl, daß irgend etwas Unangenehmes passieren könnte –, schaukelt sich zu einer Sucht hoch. Auf diese Weise versuchen wir, das Leben vorhersehbar zu machen. Weil wir etwas, das immer nur zu Leiden führt, fälschlich für etwas halten, das uns Glück bescheren wird, bleiben wir im Gewohnheitsmuster der Eskalation unseres Unbefriedigtseins stecken.

28

Hoffnung und Furcht

Eine der klassischen buddhistischen Unterweisungen zum Thema Hoffnung und Furcht behandelt die sogenannten Acht Weltlichen Dharmas. Das sind vier Paare von Gegensätzen – vier Dinge, die wir mögen und an denen wir hängen, und vier Dinge, die wir nicht mögen, die wir meiden. Die grundlegende Botschaft ist: Wenn wir uns in die Acht Weltlichen Dharmas verstricken, dann leiden wir.

Zuerst einmal lieben wir Lust und hängen deshalb daran; im Gegensatz dazu mögen wir kein Leid. Zweitens lieben wir Lob und hängen dran, doch wir versuchen Kritik und Tadel zu meiden. Drittens lieben wir Ruhm und hängen daran, aber wir mögen keine Schmach und versuchen, sie zu meiden. Schließlich hängen wir an Gewinn, daran, zu bekommen, was wir wollen. Aber wir mögen es nicht, zu verlieren, was wir haben.

Nach dieser sehr einfachen Lehre ist es unsere Verstrickung in diese vier Gegensatzpaare – Lust und Leid, Lob und Tadel, Ruhm und Schmach, Gewinn und Verlust –, was uns an den leidvollen Kreislauf der Existenzen, das Samsâra, bindet.

Wir haben vielleicht das Gefühl, daß wir versuchen sollten, diese Gefühle von Lust und Leid, Gewinn und Verlust, Lob und Tadel, Rum und Schmach irgendwie auszulöschen. Ein praktikablerer Ansatz besteht darin, sie einfach sehr gut kennenzulernen, zu sehen, wie wir ihnen an die Angel gehen, wie sie unsere Wahrnehmung der Wirklichkeit einfärben, und daß sie im Grunde gar nicht so massiv sind. Dann werden die Acht Weltlichen Dharmas zu Mitteln, die uns helfen können, weiser, aber auch freundlicher und zufriedener zu werden.

29

Werde leichter und lichter (und mach mal etwas ganz anderes)

Die Fähigkeit, leichter und lichter zu werden, ist der Schlüssel dazu, daß wir uns in unserem Körper, unserem Geist und unseren Gefühlen wohl fühlen können und das Gefühl haben, des Lebens auf diesem Planeten würdig zu sein. Sie könnten zum Beispiel den Slogan „Bewahre dir immer allein einen freudigen Geist“ hören und beginnen, sich selbst dafür Vorwürfe zu machen, daß Sie sich nie so recht freuen. Mit einem solchen Zeuge zu leben ist nicht gerade leicht.

Diese Ernsthaftigkeit, dieser Todernst in Hinsicht auf alle Aspekte unseres Lebens – einschließlich der Praxis –, diese zielorientierte „Du bringst das jetzt, oder…"-Einstellung ist der größte Freudekiller auf dieser Welt. Wir wissen die Dinge nicht zu schätzen, weil wir alles so feierlich ernst betrachten. Ein freudvoller Geist ist im Gegensatz dazu ganz gewöhnlich und entspannt. Also werden Sie leichter und lichter! Machen Sie nicht ein solches Theater um alles!

Wenn Sie sich darum bemühen, leichter und lichter zu werden, dann entwickelt sich ein Sinn für Humor. Sie können die Seifenblase ihrer todernsten Verfassung immer wieder zum Platzen bringen. Was einen freudigen Geist neben dem Sinn für Humor außerdem noch unterstützt, sind Wissensdurst, Aufmerksamkeit und ein Interesse an der Welt um Sie herum. Sie müssen nicht unbedingt glücklich sein, aber es ist eine große Hilfe, wenn Sie neugierig sind, ohne dabei alles gleich wer weiß wie ernst zu beurteilen. Wenn Sie jemand sind, der gern urteilt, dann können Sie auch diese Tatsache neugierig untersuchen.

Neugier hilft uns dabei, uns aufzuheitern. Es kann auch einfach schon genügen, sich daran zu erinnern, einmal etwas ganz anderes zu machen. Wir sind in diesem Gefühl der Bürde unserer überdimensionalen Gefühle dermaßen festgefahren – himmelhoch jauchzend, zu Tode betrübt –, daß es manchmal ganz hilfreich ist, einfach das Verhaltensmuster zu durchbrechen. Alles, was nicht Ihrem gewohnten Verhalten entspricht, kann da eine Hilfe sein: Sie können zum Fenster gehen und den Himmel betrachten, Sie können sich das Gesicht mit kaltem Wasser besprühen, Sie können in der Dusche singen, Sie können Joggen gehen – alles, was gegen den Strich der gewohnten Muster geht. Auf diese Weise beginnen die Dinge leichter und lichter zu werden.

30

Die Vier Mahnungen

Die Vier Mahnungen sind vier gute Gründe, warum der Krieger-Bodhisattva sich ständig darum bemüht, zum gegenwärtigen Augenblick zurückzukehren. Die Vier Mahnungen sind:

1. *Unsere kostbare menschliche Geburt:* Alle möglichen Empfindungen, Gefühle und Gedanken kommen und gehen, wie das Wetter, aber das ist kein Grund dafür, zu vergessen, wie kostbar unsere Situation ist. Unsere menschliche Geburt gibt uns die Gelegenheit, diese Unterweisungen zu hören, sie zu praktizieren und unser offenes Herz zu anderen hin auszuweiten.

2. *Die Wahrheit der Vergänglichkeit:* Das Leben ist im Grunde flüchtig. Es könnte schon im nächsten Augenblick vorbei sein! Wenn wir uns an die Vergänglichkeit erinnern, dann lernen wir viel darüber, wie man leichter und lichter wird. Es ist in Ordnung, wenn die Vergänglichkeit uns Angst macht. Dieser Angst gewahr zu sein, kann das Gefühl der Dankbarkeit für die Kostbarkeit der menschlichen Geburt und die Gelegenheit zur spirituellen Praxis vergrößern.
3. *Das Gesetz des Karmas:* Jede Handlung hat eine Auswirkung. Jedesmal, wenn Sie bereit sind, Ihre Gedanken zur Kenntnis zu nehmen und zur Frische des gegenwärtigen Augenblicks zurückzukehren, säen Sie die Samen größerer Wachheit in Ihrer Zukunft. Sie kultivieren damit die Ihnen eingeborene grundlegende Wachheit, indem Sie sich bemühen, von Ihren gewohnten Verhaltensmustern abzulassen und einmal etwas ganz anderes zu machen. Sie sind der einzige Mensch, der das für Sie tun kann. Das Leben ist kostbar, und es ist kurz, und Sie können guten Gebrauch davon machen.
4. *Die unbefriedigende Natur des Samsâra:* Samsâra heißt, den Tod dem Leben vorzuziehen. Es entsteht dadurch, daß man immer versucht, irgendwelche Zonen der Sicherheit zu schaffen. Wir bleiben darin stecken, weil wir an einer komischen kleinen Identität festhalten, die uns ein Gefühl der Sicherheit gibt, auch wenn sie leidvoll ist. Die vierte Mahnung besagt, wir sollten uns daran erinnern, daß diese Strategie unbefriedigend bleiben muß.

31

Himmel und Hölle

Ein kräftiger, knorriger Samurai kommt zu einem Zen-Meister und fragt: „Sagt mir, was die Natur von Himmel und Erde ist."

Der Zen-Meister schaut ihm ins Gesicht und entgegnet: „Warum sollte ich das einem schäbigen, ungehobelten, häßlichen Taugenichts wie dir verraten? Warum sollte ich einem Wurm wie dir irgend etwas sagen?"

Da zieht der Samurai rasend vor Wut sein Schwert und setzt an, dem Zen-Meister den Kopf abzuschlagen.

Der Zen-Meister sagt: „Das ist die Hölle."

Augenblicklich begreift der Samurai, daß er soeben seine

eigene Hölle geschaffen hat, finster und sengend, voller Haß, Selbstschutz, Zorn und Ablehnung. Ihm wird klar, daß er so tief in der Hölle steckt, daß er sogar bereit ist, jemanden zu töten. Mit Tränen in den Augen legt er die Handflächen zusammen und verbeugt sich voller Dankbarkeit für diese Einsicht.

Der Zen-Meister sagt: „Das ist der Himmel."

Die Sichtweise des Krieger-Bodhisattvas ist nicht „Hölle ist schlecht und Himmel ist gut" oder „Sieh zu, daß du die Hölle los wirst, und suche allein nach dem Himmelreich". Wir spornen uns vielmehr dazu an, Himmel und Hölle und allem anderen gegenüber ein offenes Herz und einen offenen Geist zu entwickeln. Nur diese Art von Gleichmut läßt uns erkennen, daß wir uns jederzeit, ganz gleich, was uns widerfährt, an einem heiligen Ort befinden. Nur mit Hilfe des Gleichmuts begreifen wir, daß alles, was uns begegnet, gekommen ist, um uns etwas zu lehren.

32

Die drei unnützen Strategien

Es gibt drei Methoden, mit denen Menschen üblicherweise gegen störende Gewohnheiten wie Trägheit, Zorn oder Selbstmitleid vorgehen. Ich nenne sie die Drei Unnützen Strategien – es sind Angriff, Sich-Gehenlassen und Nicht-wissen-Wollen.

Die unnütze Strategie des Angriffs ist besonders beliebt. Wenn wir uns einer Gewohnheit bewußt werden, machen wir uns Vorwürfe. Wir kritisieren uns selbst und meinen, wir müßten uns schämen, wenn wir uns der Bequemlichkeit hingeben, wenn wir Selbstmitleid pflegen oder nicht aus dem Bett hochkommen. Wir schwelgen in dem Gefühl, schlecht zu sein, sowie in Schuldgefühlen. Die unnütze Strategie des Sich-Gehenlassens ist genauso verbreitet. Wir rechtfertigen unsere Gewohnheiten oder gratulieren uns regelrecht dazu. „So bin ich nun einmal. Ich habe Unbequemlichkeit und Unannehmlichkeiten nicht verdient. Ich habe gute Gründe dafür, zornig zu sein oder den ganzen Tag zu schlafen.“ Wir mögen zwar insgeheim von Selbstzweifeln und Gefühlen des Ungenügens geplagt werden, aber wir überzeugen uns selbst davon, daß unser Verhalten ganz in Ordnung sei.

Die Strategie des Nicht-wissen-Wollens ist sehr wirksam – zumindest für einige Zeit. Wie spalten uns ab, heben ab oder machen dicht. Wir tun alles nur Mögliche, um uns von der nackten Wahrheit unserer Gewohnheiten zu distanzieren. Wir schalten auf Autopilot und vermeiden es einfach, uns zu genau anzusehen, was wir da tun.

Die Übung der Geistesschulung zum Krieger ist eine weitere Alternative – die Alternative der erleuchteten Strategie. Versuchen Sie, das, wogegen Sie sich bisher gesträubt haben, voll und ganz zu erfahren – ohne sich auf die gewohnte Weise davonzuschleichen. Erforschen Sie Ihre Gewohnheiten neugierig. Versuchen Sie, dem, was sich zeigt, mit der grundlegenden Sanftheit und Bodenlosigkeit Ihres Daseins zu begegnen, bevor Sie sich auf eine Gewohnheit versteifen. Tun Sie das mit der klaren Absicht, das Haften an Ihrem Ego abzubauen und Ihre Weisheit und Ihr Erbarmen zunehmen zu lassen.

33

Das Gegenteil von Samsâra

Das Gegenteil von Samsâra ist, wenn alle Mauern einstürzen, der Kokon gänzlich verschwindet und wir völlig offen sind für alles, was geschieht – ohne uns der Situation zu entziehen oder uns in uns selbst zurückzuziehen. Das ist es, worum wir uns bemühen, das ist der Weg des Kriegers. Genau das ist es, was uns reizt: zu springen, aus dem Nest geworfen zu werden, einen Initiationsritus durchzumachen, erwachsen zu werden, uns auf etwas Unsicheres und Ungewisses einzulassen.

Was tun Sie, wenn Sie Angst bekommen, weil Ihre Welt zusammenbricht? Wie reagieren Sie, wenn Sie Ihrem eigenen

Selbstbild nicht entsprechen, wenn Sie sich über alle Leute ärgern, weil niemand das tut, was Sie möchten, oder wenn Ihr ganzes Leben voller emotionalen Aufruhrs ist, voller Verwirrung und Konflikte. Es ist gut, wenn Sie sich in solchen Zeiten daran erinnern, daß Sie gerade durch emotionalen Aufruhr gehen, weil Ihre Bequemlichkeit mehr oder weniger stark in Frage gestellt wurde. Es ist, als hätte Ihnen jemand den Teppich unter den Füßen weggezogen. Sich auf dieses Gefühl der Bodenlosigkeit einzustellen ist ein Weg, sich daran zu erinnern, daß Sie letztlich *tatsächlich* das Leben und die Kriegerschaft dem Tod vorziehen.

34

Die Vier Grenzenlosen Eigenschaften kultivieren

Eine Lehrerin hat mir einmal gesagt, wenn ich dauerndes Glück erreiche wolle, dann ginge das nur, wenn ich aus meinem Kokon heraustrāte. Als ich sie fragte, wie ich andere Menschen glücklich machen könne, entgegnete sie: „Der Weg ist derselbe." Das ist der Grund, warum ich mit der Übung der Wunschgebete der Vier Grenzenlosen Eigenschaften arbeite, mit Liebender Güte, Erbarmen, Freude und Gleichmut. Der beste Weg, sich selbst zu dienen, besteht darin, andere zu lieben und sich um sie zu kümmern. Dies sind machtvolle Hilfsmittel zur Auflösung der Barrieren, die das Leiden aller Lebewesen aufrechterhalten.

Das beste ist, wenn man vor und nach dem Üben der Grenzenlosen Eigenschaften Sitzmeditation praktiziert. Zu Anfang beginnen wir einfach dort, wo wir sind. Wir verbinden uns mit einer Situation, in der wir bereits jetzt Liebende Güte, Erbarmen, Freude oder Gleichmut empfinden, ganz gleich, wie schwach diese Empfindung sein mag. (Sie können sich sogar eine Liste von Menschen oder Tieren machen, die diese Gefühle in Ihnen wachrufen.) Wir wünschen uns, daß wir selbst und alle Menschen, die wir lieben, sich der von uns geübten Eigenschaften erfreuen mögen. Dann weiten wir den Wunsch allmählich auf einen immer größeren Kreis von Beziehungen aus.

Wir können diese Übungen jeweils in drei einfachen Schritten machen und dabei die Worte der traditionellen Rezitation der „Vier Grenzenlosen" (siehe Seite 5) benutzen oder aber auch andere Formulierungen, die uns etwas bedeuten. Zuerst wünschen wir uns selbst eine der Vier Grenzenlosen Eigenschaften: „Möge ich mich der Liebenden Güte erfreuen." Dann schließen wir einen geliebten Menschen in unser Wunschgebet ein: „Mögest du dich der Liebenden Güte erfreuen." Schließlich beziehen wir alle Lebewesen in unser Wunschgebet ein: „Mögen alle Lebewesen sich der liebenden Güte erfreuen."

Oder zur Kultivierung von Erbarmen: „Möge ich frei sein vom Leiden und von der Wurzel des Leidens. Mögest du frei sein vom Leiden und von der Wurzel des Leidens. Mögen alle Lebewesen frei sein vom Leiden und von der Wurzel des Leidens." Wollen wir eine ausgefeiltere Variante der Wunschgebete praktizieren, dann können wir auch in sieben Schritten vorgehen (siehe dazu Kapitel 35).

Die Übung der Wunschgebete der Vier Grenzenlosen Eigenschaften schult uns darin, nichts zurückzuhalten und zudem unsere Vorurteile zu sehen und sie nicht weiter zu nähren. Auf diese Weise lassen wir uns auf die Leiden der Welt ein; wir dehnen unsere Liebende Güte und unser Erbarmen, unsere Freude und unseren Gleichmut auf ausnahmslos alle Lebewesen aus.

35

Die Übung der Liebenden Güte

Von der Aggression zu bedingungsloser Liebender Güte überzugehen mögen wir für eine kaum zu lösende Aufgabe halten. Aber wir können bei dem anfangen, was uns bereits vertraut ist. Die Unterweisungen für das Kultivieren von bedingungsloser Maitrî besagen, daß wir zuerst einmal die Zärtlichkeit finden sollen, die wir bereits besitzen. Wir stellen durch unsere Dankbarkeit oder unsere Wertschätzung eine Verbindung dazu her – durch das bereits vorhandene Vermögen, Wohlwollen zu empfinden. Auf eine völlig untheoretische Weise nehmen wir Kontakt auf mit dem wunden Punkt des Bodhichittas. Es spielt keine Rolle, ob wir es in den zärtlichen

Gefühlen der Liebe oder in der Verletzlichkeit tiefempfundener Einsamkeit finden. Wenn wir nach diesen wunden, bloßliegenden Punkten ausschauen, können wir es dort immer aufspüren.

Diese formelle Übung Liebender Güte in sieben Schritten bedient sich der ersten Zeile der Rezitation der Vier Grenzenlosen: „Mögen alle fühlenden Wesen sich des Glücks und der Wurzel des Glücks erfreuen." Sie können auch Ihre eigenen Worte für das Wunschgebet verwenden.

1. Erwecken Sie Liebende Güte für sich selbst. Sprechen Sie das Wunschgebet „Möge ich mich des Glücks und der Wurzel des Glücks erfreuen", oder kleiden Sie diesen Wunsch in Ihre eigenen Worte.
2. Erwecken Sie Liebende Güte für jemanden, für den Sie aufrichtig Wohlwollen und Zärtlichkeit empfinden, etwa Ihre Mutter, Ihr Kind, Ihr(e) Partner(in), Ihre Katze: „Möge <Name> sich des Glücks und der Wurzel des Glücks erfreuen."
3. Erwecken Sie Liebende Güte für jemanden, der Ihnen etwas ferner ist, etwa für eine Freundin oder einen Nachbarn. Sagen Sie auch hier den Namen, und bringen Sie mit denselben Worten wie oben den Wunsch für sein oder ihr Glück zum Ausdruck.
4. Erwecken Sie Liebende Güte für jemanden, dem gegenüber Sie neutral eingestellt sind oder der Ihnen gleichgültig ist. (Benutzen Sie dieselben Worte.)
5. Erwecken Sie Liebende Güte für jemanden, mit dem Sie Schwierigkeiten haben oder der Ihnen feindlich gesinnt ist. (Benutzen Sie dieselben Worte.)
6. Lassen Sie die Liebende Güte so groß werden, daß sie alle Wesen aus den vorausgegangenen fünf Stufen umfaßt. (Diese Stufe nennt man „Auflösung der Barrieren".) Sprechen Sie das Wunschgebet: „Mögen ich, mein(e) Geliebte(r), mein Freund, die neutrale Person und die schwierige Person alle zusammen sich des Glücks und der Wurzel des Glücks erfreuen."

7. Weiten Sie Ihre Liebende Güte auf alle Wesen im gesamten Universum aus. Beginnen Sie vor der eigenen Haustür, und weiten Sie den Horizont dann immer weiter aus. „Mögen alle Wesen sich des Glücks und der Wurzel des Glücks erfreuen."

Zum Abschluß der Übung lassen Sie alle Worte und alle Wünsche fahren und kommen einfach zur nichtbegrifflichen Einfachheit des Sitzens zurück.

36

Erbarmen kultivieren

Das Kultivieren der Fähigkeit, Erbarmen zu fühlen, ist ebenso ein Weg zum Erwecken von Bodhichitta wie das Nähren unserer Fähigkeit zu lieben. Erbarmen ist jedoch emotional eine größere Herausforderung als Liebende Güte, weil es die Bereitschaft einschließt, Schmerz zu empfinden. Dazu ist eine Schulung als Krieger zweifelsohne Voraussetzung.

Patrul Rinpoche, ein großer Yogi des neunzehnten Jahrhunderts, rät uns, zur Erzeugung von Erbarmen an gequälte Wesen zu denken, etwa an ein Tier, das zur Schlachtbank geführt wird, oder an einen Menschen, der seiner Hinrichtung harrt. Er empfiehlt uns, uns an die Stelle dieser Wesen zu versetzen, damit die Erfahrung möglichst unmittelbar ist. Besonders eindrucksvoll ist sein Bild von einer Mutter ohne Arme, die mit ansehen muß, wie ein reißender Tiger ihr Kind wegschleppt. Ganz und unmittelbar mit dem Leiden eines anderen Menschen in Berührung zu kommen, das ist so schmerzlich, als sei man an der Stelle dieser Mutter. Die meisten von uns finden es ziemlich beängstigend, sich so etwas auch nur vorzustellen. Wenn wir also üben, Erbarmen hervorzubringen, dann müssen wir uns mit unserer Furcht vor dem Schmerz auseinandersetzen.

Die Praxis des Erbarmens ist etwas für Unerschrockene. Dazu gehört, daß wir uns zu entspannen lernen und uns erlauben, näher an das heranzukommen, was uns Angst macht. Der Trick, mit dem man das erreicht, ist, bei der emotionalen Not zu bleiben, ohne sich einzuigeln und sie abzuwehren. Wir lassen zu, daß die Furcht uns weicher macht, statt uns in einer Abwehrhaltung zu verhärten.

Es kann schon schwer genug sein, nur an gequälte Wesen zu denken, geschweige denn zu ihrem Wohl zu handeln. Wir erkennen dies an und beginnen deshalb mit einer Übung, die nicht so schwierig ist. Wir kultivieren Tapferkeit durch die Übung von Wunschgebeten. Wir wünschen, daß alle Wesen – einschließlich wir selbst und diejenigen, die wir nicht mögen – vom Leiden und von der Wurzel des Leidens frei sein mögen.

37

Erbarmen praktizieren

Wir kultivieren Erbarmen, um unser Herz zu erweichen und um gleichzeitig in Hinsicht auf die Art und Weise, wie wir uns abschotten, ehrlicher und nachsichtiger zu werden. Ohne uns zu rechtfertigen oder uns zu verdammen, nehmen wir mutig die Arbeit in Angriff, uns dem Leiden zu öffnen. Das kann der Schmerz sein, der entsteht, wenn wir Barrieren errichten, oder der Schmerz, der spürbar wird, wenn wir unser Herz unserem eigenen Kummer oder dem eines anderen Wesens öffnen. Durch unser Versagen lernen wir genauso viel über diesen Prozeß wie durch unsere Erfolge. Wenn wir Erbarmen entwickeln, bedienen wir uns der ganzen Bandbreite unserer Erfahrung – unseres Leidens und unseres Mitgefühls genauso wie unserer Grausamkeit und unseres Schreckens. Es kann nicht anders sein. Erbarmen ist keine Beziehung zwischen einem Heiler und einem Verwundeten. Es ist eine Beziehung zwischen Gleichen. Nur wenn wir unsere eigene Dunkelheit gut kennen, können wir für die Dunkelheit eines anderen präsent sein. Erbarmen wird dann wirklich, wenn wir uns unseres gemeinsamen Menschseins bewußt werden.

Wie bei der Übung der Wunschgebete der Vier Grenzenlosen Eigenschaften beginnen wir auch die Übung von Erbarmen dort, wo wir sind, und weiten unser Vermögen dann allmählich aus. Wir fangen damit an, daß wir erst einmal herausfinden, wie weit unsere Fähigkeit, uns vom Leiden anrühren zu lassen, gegenwärtig geht. Wir können eine Liste derjenigen machen, die unser Erbarmen hervorrufen. Dazu kann unser Enkelkind gehören oder unser Bruder oder ein Freund, der Angst vor dem Sterben hat, aber auch Wesen, die wir im Fernsehen sehen oder über die wir in einem Buch lesen. Es geht hier einfach darum, mit echtem Erbarmen in Kontakt zu kommen, wo immer wir es aufzufinden vermögen.

Dann können wir der Formel in drei Schritten folgen: „Möge ich frei sein vom Leiden. Mögest du frei sein vom Leiden. Mögen wir frei sein vom Leiden." Wir können auch dem in Kapitel 35 vorgestellten formelleren siebenstufigen Ablauf folgen und dabei entweder die Formel „Möge ich frei sein vom Leiden und von der Wurzel des Leidens" oder eine Formulierung eigener Wahl benutzen. Wie bei allen Bodhichitta-Übungen schließt man die Praxis der Wunschgebete des Erbarmens am besten mit einer Runde Sitzmeditation ab.

38

Lernen, sich zu freuen

Indem wir unseren Garten pflegen, werden die Bedingungen für das Wachsen von Bodhichitta günstiger. Wir beginnen Freude zu erfahren. Die Freude kommt daher, daß wir uns selbst nicht aufgeben, daß wir achtsam bei uns selbst bleiben und beginnen, unseren großartigen Kriegergeist zu erfahren. Wir tragen auch zur Verbesserung der Bedingungen für das Wachstum von Freude bei, wenn wir uns in den Bodhichitta-Übungen schulen und insbesondere darin, uns zu freuen und die Dinge wertzuschätzen. Wir können dies, wie bei den anderen Grenzenlosen Eigenschaften, als Praxis von Wunschgebeten in drei Schritten tun.

Ein traditionelles Wunschgebet zum Erwecken von Wertschätzung und Freude lautet: „Möge ich nicht getrennt sein von dem großen Glück, das frei ist von allem Leiden. Mögest du nicht getrennt sein von dem großen Glück, das frei ist von allem Leiden. Mögen wir nicht getrennt sein von dem großen Glück, das frei ist von allem Leiden." Das läßt sich auch nach der in Kapitel 35 vorgestellten Struktur in sieben Schritten praktizieren, wobei man auch seine eigenen Formulierungen verwenden kann.

Die Wertschätzung und Freude in diesen Worten bezieht sich darauf, daß wir immer in der offenen Weite der unvoreingenommenen Natur unseres Geistes verweilen und uns mit der inneren Stärke des Grundlegenden Gutseins verbinden können. Um dazu fähig zu werden, beginnen wir jedoch mit bedingten Beispielen für glückliche Umstände wie etwa Gesundheit, grundlegende Intelligenz und eine förderliche Umgebung – das sind die glücklichen Umstände, die eine kostbare menschliche Geburt ausmachen. Für den erwachenden Krieger besteht der größte Vorteil darin, sich in einer Zeit wiederzufinden, wo es möglich ist, die Bodhichitta-Lehren zu hören und sie zu praktizieren.

Der erste Schritt bei der Übung mit den Wunschgebeten besteht darin, daß wir lernen, uns an unseren eigenen glücklichen Umständen zu freuen. Der Schlüssel ist, in jedem Augenblick ganz präsent zu sein, auch auf die Details des gewöhnlichen Lebens zu achten. Wir bringen Wertschätzung zum Ausdruck: Freundschaft uns selbst gegenüber und gegenüber der lebendigen Qualität, die in allen Dingen zu finden ist. Diese Kombination von Achtsamkeit und Wertschätzung bringt uns in vollen Kontakt mit der Wirklichkeit und schenkt uns Freude. Wenn wir die Aufmerksamkeit und Wertschätzung dann weiter auf unsere Umgebung und andere Menschen ausdehnen, dann nimmt unsere Erfahrung von Freude immer mehr zu.

39

Die Übung von Gleichmut

Indem wir Liebende Güte, Erbarmen und Freude üben, schulen wir uns darin, unsere Perspektive auszuweiten, uns so rückhaltlos wie nur irgend möglich zu öffnen. Wir kultivieren damit auch den unvoreingenommenen Zustand des Gleichmuts. Ohne diese vierte Grenzenlose Eigenschaft werden die anderen drei Eigenschaften durch unsere Gewohnheiten des Mögens und Nichtmögens, des Annehmens und Zurückweisens eingeschränkt.

Sich in Gleichmut zu schulen heißt zu lernen, die Tür für alle zu öffnen, alle Lebewesen willkommen zu heißen, das ganze Leben auf Besuch einzuladen. Bei der Ankunft mancher

Gäste empfinden wir natürlich Angst und Abneigung. Dann erlauben wir uns, die Tür nur einen Spalt breit zu öffnen, wenn das alles ist, was wir momentan verkraften können. Und wir gestehen uns auch zu, die Tür ganz zu schließen, falls das notwendig ist. Das Kultivieren vom Gleichmut ist ein langsam fortschreitender Prozeß. Wir bemühen uns darum, uns unser Leben lang in der Liebenden Güte und in dem Mut zu schulen, die es braucht, um alles willkommen heißen zu können, was erscheint – Krankheit, Gesundheit, Armut, Reichtum, Kummer und Freude. Wir nehmen sie alle an und lernen sie kennen.

Die Perspektive des Gleichmuts ist wesentlich weiter als unsere gewohnte begrenzte Perspektive. Es ist der grenzenlose Geist, der die Wirklichkeit nicht auf ein Für oder Wider, auf Mögen oder Nichtmögen reduziert. Bekommen wir ein Gespür für Situationen, in denen wir Gleichmut erfahren, dann können wir uns formell darin schulen, den Gleichmut in einer Übung von drei Schritten zu kultivieren: „Möge ich verweilen im großen Gleichmut, der frei ist von Leidenschaft, Zorn und Voreingenommenheit. Mögest du verweilen im großen Gleichmut, der frei ist von Leidenschaft, Zorn und Voreingenommenheit. Mögen alle Lebewesen sich des großen Gleichmuts, der frei ist von Leidenschaft, Zorn und Voreingenommenheit, erfreuen." Wie immer ist es in Ordnung, wenn Sie Ihre eigenen Formulierungen verwenden. Die Praxis der Wunschgebete des Gleichmuts läßt sich auch, wie in Kapitel 35, in sieben Schritten ausführen. Vorher und nachher sollte man etwas Sitzmeditation üben.

40

Die Vogelperspektive

Um Gleichmut zu kultivieren, üben wir uns darin, den Moment abzupassen, wo Anziehung oder Abneigung auftreten, noch bevor sie sich zu Habenwollen oder Negativität verdichten. Wir schulen uns darin, beim wunden Punkt zu bleiben und unsere Vorurteile als eine Brücke zum Verständnis der Verblendung anderer zu verwenden. Starke Emotionen sind hierbei sehr hilfreich. Wir können alles, was auftaucht – wie unangenehm es auch sein mag – dazu benutzen, das Gefühl der Verwandtschaft mit anderen, die die gleiche Art von Aggression oder Verlangen erfahren und die wie wir Hoffnung und Furcht auf den Leim gehen, zu vertiefen. Auf diese

Weise beginnen wir anzuerkennen, daß wir alle im selben Boot sitzen. Wir alle haben es dringend nötig, besser zu verstehen, was zum Glück führt und was zum Leiden.

Auch nach Jahren der Praxis ist es leicht, sich immer noch auf eine Position des Zorns und der Entrüstung zu versteifen. Ist es uns jedoch möglich, mit der Verletzlichkeit und rohen Energie von Ablehnung oder Wut (oder was immer es ist) in Kontakt zu treten, dann kann eine weitere Perspektive entstehen. In dem Augenblick, wo wir uns dazu entscheiden, bei der Energie zu bleiben, statt sie auszuagieren oder zu verdrängen, üben wir uns in Gleichmut – darin, über die Perspektive von Richtig und Falsch hinauszugehen. Und so entwickeln sich die Vier Grenzenlosen Eigenschaften – Liebende Güte, Erbarmen, Freude und Gleichmut – vom Begrenzten hin zum Unbegrenzten: Wir üben uns darin, jene Momente abzupassen, in denen sich unser Geist auf fixe Ideen versteifen will, und tun unser Bestes, ihn aufzulockern. Wenn es uns gelingt, ihn weicher zu machen, beginnen die Mauern zu fallen.

41

Sei, wo du bist

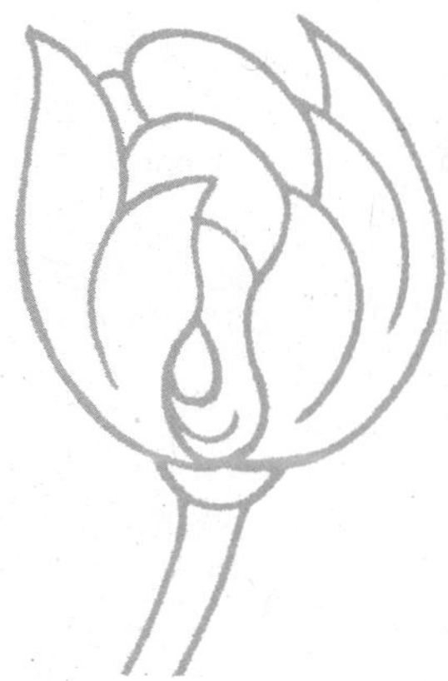

Sie können die Vier Grenzenlosen Eigenschaften der Liebe, des Erbarmens, der Freude und des Gleichmuts kultivieren, indem Sie lernen, sich dort wohl zu fühlen, wo Sie sind. Es ist ganz in Ordnung, daß Sie dort sind, wo Sie jetzt gerade sind. Selbst wenn Sie nur für ein einziges Lebewesen Liebende Güte und Erbarmen empfinden, ist das etwas, wovon Sie ausgehen können. Wenn Sie diese Wärme zur Kenntnis nehmen, sie respektieren und würdigen, wird dadurch bereits ihre Zunahme gefördert. Wir können dort sein, wo wir sind, und gleichzeitig die Möglichkeit weit offen lassen, daß wir uns im Laufe unseres Lebens weit über den

Punkt hinaus ausdehnen, an dem wir uns jetzt befinden. Es kommt niemals dadurch zur Ausdehnung, daß wir danach gieren oder Druck ausüben oder zu eifrig streben. Es kommt vielmehr dazu, wenn wir zwei Ansätze miteinander kombinieren: Einerseits fühlen wir uns dort wohl, wo wir uns bereits befinden, und andererseits gestehen wir die Möglichkeit ein, daß deine Kapazität, meine Kapazität, die Kapazität aller Lebewesen grenzenlos ist. Während wir uns also weiterhin dort wohl fühlen, wo wir gerade sind, öffnen wir uns gleichzeitig immer weiter. Dies ist das Potential des Menschen. Dies ist das Geschenk der menschlichen Geburt. Wenn wir sagen: „Möge ich glücklich sein" oder „Möge ich frei sein vom Leiden" oder „Mögen alle Individuen glücklich und frei sein vom Leiden", dann sagen wir im Grunde, daß jeder Mensch das Potential hat, seine Fähigkeit zu Offenheit und Fürsorge grenzenlos auszuweiten. Alles beginnt damit, daß wir für ein Wesen Liebe oder Erbarmen empfinden. Dies läßt sich immer weiter ausdehnen, so daß es immer mehr Wesen umfängt. Es führt schließlich dazu, daß wir unser volles menschliches Potential der Verbindung mit Liebe und Erbarmen verwirklichen. Das ist eine grenzenlose, frei fließende Wärme – die dynamisch und lebendig ist und mit allem in Kontakt steht, ohne irgendeinen Bezugspunkt zu haben. Dies ist unser menschliches Potential, wir können uns mit dem wahren Zustand der Dinge verbinden. Das fängt damit an, daß wir sind, wo wir sind.

42

Tonglen und Furchtlosigkeit

In den Lehren des Buddhismus, den Shambhala-Lehren und in allen anderen Traditionen, die uns zeigen, wie man richtig lebt, werden wir dazu ermutigt, Furchtlosigkeit zu kultivieren. Wie aber tun wir das? Die Übung der Sitzmeditation ist gewiß ein Weg dazu, denn dabei lernen wir uns selbst vollständig und voller Freundlichkeit kennen. Auch die Tonglen-Praxis, die Übung des Aussendens und Aufnehmens, hilft uns, Furchtlosigkeit zu kultivieren. Wenn man diese Übung eine Zeitlang praktiziert, beginnt man zu erkennen, daß Furcht damit zu tun hat, daß wir unser Herz schützen wollen: Wir haben das Gefühl, daß etwas unser Herz brechen könnte, und deshalb schützen wir es. Als ich zum ersten Mal Tonglen praktizierte, war ich überrascht zu sehen, daß ich das Sitzen auf subtile Weise zu dem Versuch benutzt hatte, Verletzungen zu vermeiden, Depression zu vermeiden, Entmutigung zu vermeiden – einfach allen schlechten Gefühlen aus dem Weg zu gehen. Ohne daß es mir bewußt geworden war, hatte ich im Stillen gehofft, daß ich keinen Schmerz mehr verspüren müßte, wenn ich praktizierte. Wenn man jedoch Tonglen übt, lädt man den Schmerz geradezu zu sich ein. Deshalb braucht es auch Mut, Tonglen zu praktizieren, aber interessanterweise schenkt uns diese Übung auch sehr viel Mut, weil wir zulassen, daß sie unsere Rüstung durchdringt. Es ist eine Praxis, welche dazu führt, daß wir uns weniger beladen und weniger verkrampft fühlen, eine Übung, die uns zeigt, wie man ohne Bedingungen zu leben vermag.

Negativität und Ablehnung treten auf, weil wir versuchen, den wunden Punkt des Bodhichittas abzuschirmen. Gerade *weil* wir so weich und wund und tief angerührt sind, sind wir so darauf aus, uns abzuschirmen. Genau aus dem Grund, daß wir das lautere Herz der Traurigkeit von Anfang an besitzen, beginnen wir überhaupt damit, uns abzuschotten. In der Tonglen-Praxis werden wir langsam fähig dazu, diesen wundesten Teil unserer selbst offenzulegen.

43

Tonglen und wechselseitige Verbundenheit

Viele Menschen verschlingen die buddhistischen Lehren geradezu, aber wenn es um Tonglen geht, dann sagen sie: „Na ja, das hat sich ganz gut angehört, aber ich wußte nicht, daß wir das tatsächlich *tun* sollen!" Diese Praxis sieht im wesentlichen so aus: Wenn irgend etwas schmerzlich oder unerwünscht ist, atmen wir es ein. Wir wehren uns, mit anderen Worten, nicht mehr dagegen. Wir geben uns uns selbst hin, wir erkennen an, wer wir sind, und wir wissen uns selbst zu würdigen. Wenn unerwünschte Empfindungen und Gefühle auftauchen, dann atmen Sie sie tatsächlich ein und verbinden sich mit dem, was alle Menschenwesen empfinden. Wir alle kennen Schmerz in seinen verschiedenen Erscheinungsformen.

Man atmet die Dinge für sich selbst ein, in dem Sinne, daß der Schmerz eine persönliche und echte Erfahrung ist, aber gleichzeitig steht außer Frage, daß wir dabei unsere Verwandtschaft mit allen Lebewesen vertiefen. Wenn man den Scherz in sich selbst kennt, dann kennt man auch den Schmerz in den anderen. Wenn Sie sich mitten in einem Anfall eifersüchtiger Wut befinden und dann den Mut besitzen, diese Wut einzuatmen, statt jemand anderen dafür verantwortlich zu machen, dann wird der Pfeil in Ihrem Herzen Ihnen sagen, daß es auf der ganzen Welt Menschen gibt, die genau dasselbe fühlen wie Sie selbst. Diese Praxis hat nichts mit Kultur, wirtschaftlichem Status, Intelligenz, Rasse oder Religion zu tun. Überall fühlen Menschen Schmerz – sie fühlen Neid, Zorn, fühlen sich nicht beachtet, einsam. Und für jedermann ist das ebenso schmerzlich wie für Sie. Die Geschichten dahinter variieren, aber die zugrunde liegenden Gefühle sind bei uns allen dieselben.

Wenn Sie andererseits etwas sehr Angenehmes erfahren – wenn Sie mit etwas in Berührung kommen, das für Sie inspirierend, öffnend, wohltuend, entspannend ist –, dann atmen Sie es aus, Sie geben es weg, Sie senden es zu allen anderen hin aus. Auch dies ist wieder etwas sehr Persönliches. Es beginnt mit *Ihrem* Gefühl der Freude, *Ihrem* Gefühl, eine weitere Perspektive gewonnen zu haben, *Ihrem* Gefühl der Erleichterung oder Entspannung. Wenn Sie bereit sind, einmal von der dahinter stehenden Geschichte abzusehen, dann fühlen Sie genau das, was auch alle anderen Menschen fühlen. Wir alle haben Teil daran. Wenn wir die Übung auf diese Weise, also ganz persönlich und echt, praktizieren, dann weckt sie unser Gefühl der Verwandtschaft mit allen Wesen.

44

Die vier Stadien des Tonglen

Man kann das Tonglen formell im Kontext einer Sitzmeditation üben. Wenn Sie zum Beispiel für eine Stunde sitzen, dann könnten Sie während der mittleren zwanzig Minuten Tonglen praktizieren. Die Tonglen-Praxis hat vier Stadien:

1. Lassen Sie Ihren Geist für ein bis zwei Sekunden in einem Zustand der Offenheit und Stille ruhen. Dies nennt man „das Absolute Bodhichitta aufblitzen lassen" – wir öffnen uns dabei plötzlich für die grundlegende Geräumigkeit und Klarheit des erwachten Geistes.

2. Arbeit mit der Beschaffenheit von Empfindungen. Atmen Sie etwas Heißes, Dunkles, Schweres ein – ein Gefühl der Klaustrophobie –, und atmen Sie etwas Kühles, Helles, Lichtes aus – ein Gefühl der Frische. Atmen Sie durch sämtliche Poren Ihres Körpers ein, und strahlen Sie vollkommen durch alle Poren Ihres Körpers ab. Fahren Sie damit fort, bis Sie das Gefühl haben, daß Ihre Visualisierung im Einklang mit dem Atem ist.
3. Jetzt kontemplieren Sie eine schmerzliche Situation, die für Sie etwas sehr Reales hat. Sie können zum Beispiel das heiße, dunkle, beengte Gefühl der Traurigkeit, die Sie empfinden, einatmen. Dann atmen Sie eine leichte, lichte, kühle Empfindung von Freude oder Raum oder etwas anderem, das Erleichterung verschafft, aus.
4. Weiten Sie den Kreis Ihres Erbarmens aus, indem Sie sich mit all jenen verbinden, die diese Art von Schmerz empfinden, und dehnen Sie den Wunsch zu helfen auf jedermann aus.

45

Beginne, wo du bist

In dieser grundlegenden Meditationsübung – und noch spezifischer in der Tonglen-Praxis – arbeiten wir mit dem mittleren Bereich zwischen Ausleben und Verdrängen. Wir lernen, unsere Gedanken des Hasses, der Lust, der Armut, des Widerwillens, was immer es auch sein mag, anzusehen. Wir lernen, diese Gedanken als „Denken“ zu identifizieren, sie loszulassen, und wir beginnen Kontakt mit der Beschaffenheit der Energie aufzunehmen, die ihnen zugrunde liegt. Allmählich begreifen wir, wie tiefgreifend es ist, diese Gedanken einfach gehen zu lassen, ohne sie zurückzuweisen oder zu verdrängen. Wir entdecken, wie wir unseren Sitz beibehalten und ganz und gar empfinden können, was den Stories unseres Begehrens, unserer Aversion, unserer Eifersucht oder unserer Selbstverachtung zugrunde liegt – was dort unter all der Hoffnungslosigkeit und der Verzweiflung ist. Wir beginnen, die Energie unseres Herzens, unseres Körpers, unseres Nackens, unseres Kopfes, unseres Magens zu fühlen – dessen, was unter den Stories liegt. Wir finden, daß es dort etwas ungemein Sanftes und Weiches gibt – das, was Bodhichitta genannt wird. Wenn wir in direkten Kontakt damit treten, dann ist alles andere unser Reichtum.

Wenn in der Postmeditation[5] die Gifte von Gier, Haß oder Unwissenheit aufsteigen, folgen wir der Anweisung, von der Story abzulassen. Statt das, was auftaucht, auszuagieren oder es zu verdrängen, benutzen wir das Gift als eine Gelegenheit, unser Herz zu spüren, unsere Wundheit zu spüren und uns mit anderen zu verbinden, die auf dieselbe Weise leiden. Wir können das Gift also als eine Gelegenheit nutzen, mit dem Bodhichitta Kontakt aufzunehmen. Auf diese Weise ist das Gift bereits die Medizin. Wenn wir Gier, Haß und Unwissenheit nicht ausagieren oder verdrängen, dann werden sie zu unserem Reichtum. Wir brauchen überhaupt nichts umzuwandeln. Einfach die Story fallenlassen, das ist alles, was nötig ist. Allerdings ist das nicht ganz so einfach. Die leichte Berührung dessen, was wir denken, durch das Zur-Kenntnis-Nehmen und das anschließende Loslassen ist der Schlüssel zur Kontaktaufnahme mit dem Reichtum des Bodhichittas. Mitten in all der Unordnung und ganz gleich, wie groß diese Unordnung gerade ist – fangen Sie dort an, wo Sie sind ... nicht morgen, nicht später, nicht gestern, als Sie sich besser fühlten – sondern jetzt. Beginnen Sie jetzt, genau so, wie Sie sind.

46

Die Angst kennenlernen

Wir können nicht gleichzeitig im gegenwärtigen Augenblick sein und unsere Stories weiterspinnen. Experimentieren Sie selbst mit dieser Einsicht, und beobachten Sie, wie Sie das verändert. Im gegenwärtigen Augenblick wird die Vergänglichkeit sehr lebendig, ebenso das Erbarmen, das Staunen und der Mut. Und genauso ist es mit der Angst. Tatsächlich erfährt jedermann, der vollkommen in der Gegenwart und ohne Bezugspunkt am Rande des Unbekannten steht, Bodenlosigkeit. Wenn wir herausfinden, daß der gegenwärtige Augenblick ein ziemlich verletzlicher Standpunkt ist und diese Tatsache ziemlich beunruhigend und zugleich ungemein zart sein kann, dann beginnt unser Verständnis sich zu vertiefen.

Wir sprechen hier davon, wie man die Angst kennenlernt, wie man mit ihr vertraut wird, wie man ihr gerade ins Angesicht sieht. Das ist keine Methode zur Lösung von Problemen, sondern die totale Demontage alter Weisen, zu sehen, hören, riechen, schmecken und denken. Tatsächlich ist es so, daß wir ständig demütiger werden, wenn wir dies wirklich tun. Angst ist eine natürliche Reaktion auf die Annäherung an die Wahrheit. Wenn wir uns dazu verpflichten, genau dort zu bleiben, wo wir sind, dann wird unsere Erfahrung ungemein lebendig. Die Dinge werden sehr klar, wenn wir uns nirgendwo hin flüchten können.

47

Das Leiden zur Kenntnis nehmen

Enttäuschung, Beschämung und all die Situationen, in denen wir uns nicht gut fühlen können, sind eine Art von Tod. Wir haben gerade völlig den Boden unter den Füßen verloren. Wir schaffen es nicht mehr, die Dinge auf die Reihe zu bringen und das Gefühl zu haben, daß wir obenauf sind. Doch statt einzusehen, daß es Tod geben muß, damit es Geburt geben kann, kämpfen wir gegen die Angst vor dem Tod.

An unsere Grenzen zu stoßen ist keineswegs eine Art von Bestrafung. Tatsächlich ist es ein Zeichen von Gesundheit, wenn wir in einer Situation, in der es ans Sterben geht, Angst und Schrecken erfahren. Aber gewöhnlich begreifen wir das nicht als eine Botschaft, daß es an der Zeit ist, nicht weiter zu kämpfen und geradewegs das anzusehen, was uns bedroht. Dinge wie Enttäuschung und Angst sind Botschaften, die uns sagen, daß wir dabei sind, unbekanntes Terrain zu betreten.

Wenn wir bekommen, was wir nicht wollen, wenn wir nicht bekommen, was wir wollen, wenn wir krank werden, wenn wir alt werden, wenn wir sterben – wenn eines dieser Dinge in unser Leben tritt –, dann können wir das Leiden als Leiden zur Kenntnis nehmen. Dann können wir neugierig sein und unsere Reaktionen mit Achtsamkeit beobachten. Unser Leiden ist zutiefst in unserer Angst vor der Vergänglichkeit verwurzelt. Unser Schmerz ist zutiefst in einer einseitigen Sicht der Wirklichkeit verwurzelt. Wer, bitte schön, hat die Schnapsidee gehabt, man könne Lust haben ohne Schmerz? Das wird in der Welt weithin verkündet, und wir fallen tatsächlich darauf herein. Aber Schmerz und Lust gehen zusammen, sie sind nicht voneinander zu trennen. Wir können sie feiern. Sie sind ganz gewöhnlich. Geburt ist schmerzvoll und freudig. Tod ist schmerzvoll und freudig. Alles, was endet, ist auch der Beginn von etwas anderem. Schmerz ist keine Strafe; Lust ist keine Belohnung.

48

Losung: „Verändere deine Einstellung, aber bleibe natürlich“

Die grundlegende Veränderung der Einstellung besteht darin, daß Sie das Unerwünschte einatmen und das Wünschenswerte ausatmen. Die Einstellung, die im Gegensatz dazu auf der ganzen Welt sehr weit verbreitet ist, besteht darin, Dinge wegzudrängen, wenn sie schmerzlich sind, und sie festzuhalten, wenn sie angenehm sind.

Die eigentliche Grundlage mitfühlenden Handelns besteht darin, daß wir darum wissen, wie wichtig es ist, *mit* den Dingen zu arbeiten statt *gegen* sie zu kämpfen. „Mit den Dingen arbeiten“ bedeutet, daß wir mit all dem arbeiten, was wir an uns selbst für unerwünscht und inakzeptabel halten. Wenn das Unerwünschte und Inakzeptable dann *da draußen* auftaucht, wissen wir damit umzugehen, weil wir bereits in uns selbst voller Liebender Güte damit umgegangen sind. Dieser nichtdualistische Ansatz wird dem Herzen gerecht, weil er auf unserer Verwandtschaft miteinander basiert. Wir wissen, was zu tun ist, ohne uns zu jemand anderem, der leidet, herablassen zu müssen, weil wir das Sich-Verschließen, das Abschotten, den Ärger, die Verletztheit, die Rebellion in uns selbst erfahren haben und dort eine Beziehung zu diesen Dingen hergestellt haben.

Zu dieser Änderung der Einstellung kommt es nicht über Nacht; sie geschieht allmählich, bei jedem in seinem eigenen Tempo. Wenn wir uns darum bemühen, uns nicht länger gegen jene Teile von uns zu wehren, die wir für inakzeptabel halten, und statt dessen beginnen, sie einzuatmen, dann gibt uns das einen viel größeren Spielraum. Wir lernen jeden Teil von uns selbst kennen und haben keine Gespenster mehr auf dem Speicher und keine Leichen mehr im Keller. Es fühlt sich so an, als schalteten wir das Licht ein und betrachteten uns selbst mit großer Ehrlichkeit und großem Erbarmen. Es ist ein grundlegender Wandel der Einstellung, wenn wir auf diese revolutionäre Weise mutig mit Schmerz und Lust umgehen.

49

Liebende Güte und Tonglen

Die Dinge, die uns verrückt machen, haben eine enorme Energie. Aus diesem Grunde fürchten wir sie. Wenn Sie zum Beispiel schüchtern sind, dann haben Sie Angst davor, jemandem in die Augen zu sehen. Es braucht ziemlich viel Energie, diese Haltung aufrechtzuerhalten. Es ist die Weise, auf die Sie Ihr Ich zusammenhalten. In der Tonglen-Praxis bekommen Sie die Gelegenheit, sich dieses Muster völlig anzueignen, also niemand anderen dafür verantwortlich zu machen, und es mit dem Ausatem zu durchlüften. Dann verstehen Sie besser, daß andere Menschen Sie vielleicht gar nicht hassen, wenn sie grimmig dreinschauen, sondern womöglich ebenfalls schüchtern sind. Tonglen wird damit zu einer Übung, durch die Sie Freundschaft mit sich selbst schließen und Mitgefühl für andere entwickeln.

Indem Sie Tonglen üben, fördern Sie Ihre Wertschätzung anderer. Sie beginnen, sie besser zu verstehen. Ihr eigener Schmerz ist wie ein Sprungbrett zur Vergrößerung Ihres Herzens. Alles beginnt damit, daß Sie einen Raum schaffen, in dem Sie direkt mit einem bestimmten Leiden umgehen können – Ihrem eigenen oder dem eines anderen. Dann weiten Sie die Übung aus und begreifen, daß Leiden universell ist, daß wir alle leiden.

Damit Sie Tonglen nicht auf herablassende Weise für andere Menschen praktizieren, die ja bedauerlicherweise *so* verblendet sind, denken Sie daran: Dies ist eine Übung, bei der Erbarmen entsteht, weil wir selbst erfahren haben, was in anderen geschieht. Wir selbst sind zornig, neidisch und einsam gewesen. Wenn wir leiden, tun wir seltsame Dinge. Weil wir einsam sind, sagen wir grausame Dinge; weil wir wollen, daß jemand uns liebt, beleidigen wir ihn. Die Übung des „Tauschens mit anderen", das Tonglen, beginnt damit, daß wir die Situation eines anderen verstehen, weil wir selbst in dieser Situation waren. Sie hat nichts damit zu tun, daß wir selbst besser sind als andere, sondern damit, daß wir alle dieselben Dinge gemeinsam haben. Je besser wir unseren eigenen Kram kennen, desto besser verstehen wir den der anderen.

50

Losung: „Vermagst du zu üben, wenn du abgelenkt bist, dann bist du ein gut geschulter Mensch“

Wenn es hart auf hart kommt, erinnern wir uns vielleicht plötzlich an die Losung: „Vermagst du zu üben, wenn du abgelenkt bist, dann bist du ein gut geschulter Mensch.“ Gelingt es uns üben, wenn wir eifersüchtig oder wütend sind, wenn wir anderen Vorwürfe machen oder uns selbst hassen, dann sind wir gut geschulte Menschen. Noch einmal: Schulung bedeutet, daß wir nicht damit fortfahren, die Gewohnheitsmuster zu verstärken, in denen wir feststecken. Wir tun vielmehr alles uns nur Mögliche, um unsere Selbstgerechtigkeit und unsere Neigung, anderen die

Schuld zu geben, zu erschüttern und zu durchlüften. Wir tun unser Bestes, bei der starken Energie zu bleiben, ohne sie auszuagieren oder zu verdrängen. Und indem wir das tun, werden unsere Gewohnheiten durchlässiger.

Unsere Muster sind, natürlich, gut eingeschliffen, verführerisch und beruhigend. Sich nur zu wünschen, daß sie etwas durchlüftet werden, ist nicht genug. Achtsamkeit und Gewahrsein sind der Schlüssel. Sehen wir die Stories, die wir uns selbst erzählen, und stellen wir ihre Gültigkeit in Frage? Wenn wir von einem starken Gefühl abgelenkt werden, erinnern wir uns dann daran, daß es Teil unseres Pfades ist? Können wir das Gefühl empfinden und es in unser Herz einatmen – für uns selbst und für alle anderen? Wenn wir uns auch nur gelegentlich daran erinnern, auf diese Weise zu experimentieren, dann schulen wir uns zum Krieger. Und selbst wenn wir nicht zu üben vermögen, wenn wir abgelenkt sind, aber immerhin *wissen,* daß wir es nicht können, schulen wir uns immer noch gut. Wir sollten niemals unterschätzen, welche Kraft darin liegt, mitfühlend zur Kenntnis zu nehmen, was vor sich geht.

51

Tonglen vertiefen

Nachdem wir uns im Tonglen wirklich mit dem Schmerz und unserer Fähigkeit, uns zu öffnen und loszulassen, verbunden haben, gehen wir in der Übung einen Schritt weiter und praktizieren sie für alle fühlenden Wesen. Das ist einer der wesentlichen Aspekte des Tonglen: Unsere eigene Erfahrung von Lust oder Schmerz wird zu einer Möglichkeit, unsere Verbundenheit mit allen fühlenden Wesen zu erfahren. Tonglen üben ist ein Weg, an der Freude und am Leiden aller Teil zu haben, die je gelebt haben, die jetzt leben und die jemals leben werden.

Jede Unannehmlichkeit, die wir erfahren, wird so zu etwas Nützlichem. „Mir geht es miserabel, ich bin deprimiert. Nun gut. Dann will ich es auch ganz und gar fühlen, auf daß niemand anderer es fühlen muß, auf daß andere also davon frei sein mögen." Der Schmerz beginnt unser Herz zu erwecken, weil wir den Wunsch hegen: „Dieser Schmerz kann zum Wohle anderer sein, weil ich mutig genug zu sein vermag, ihn voll und ganz zu empfinden, auf daß niemand sonst ihn empfinden möge." Auch die Freude, die wir fühlen, das Gefühl, sich öffnen und loslassen zu können, wird zu einem Weg, sich mit anderen zu verbinden. Beim Ausatmen sagen wir uns: „Ich will alles Gute und Wahre, das ich je empfunden habe, weggeben, jeden Sinn für Humor, jede Freude an einem Sonnenaufgang oder Sonnenuntergang, alles, was mich in dieser Welt jemals froh gemacht hat, damit alle anderen daran Teil haben und dies ebenfalls empfinden mögen."

Wenn wir bereit sind, uns auch nur für eine Sekunde am Tag zu wünschen, das unser Schmerz und unsere Freude anderen helfen mögen, dann sind wir zweifellos fähig, das auch noch viel öfter zu tun. Tatsächlich können wir diese Übung in *jeder* Situation praktizieren. Beginnen Sie mit sich selbst. Sie können die Übung dann auf Situationen ausdehnen, in denen spontan Erbarmen aufsteigt, und Sie können mit einem anderen Menschen, dem Sie helfen möchten, tauschen. Dann gehen Sie allmählich zu etwas schwierigeren Situationen über, in denen Mitgefühl nicht unbedingt Ihre erste Reaktion ist.

52

Das leere Boot

Es gibt eine Zen-Geschichte von einem Mann, der zur Abenddämmerung genüßlich auf einem Fluß herumrudert. Er sieht, wie ein anderes Boot den Fluß herab auf ihn zukommt. Zuerst findet er es schön, daß sich noch jemand an diesem schönen Sommerabend auf dem Fluß vergnügt. Dann merkt er, daß das Boot immer schneller auf ihn zukommt. Er beginnt zu rufen: „He, he, passen Sie auf! Verdammt noch mal, weichen Sie aus!“ Doch das Boot kommt weiterhin auf ihn zu, immer näher. Jetzt steht er aufrecht in seinem Boot, schreiend und mit der Faust drohend; dann rammt ihn das Boot – und er sieht, daß das Boot leer ist.

Das ist eine klassische Geschichte über die Situation, in der wir uns oft in unserem Leben befinden. Es gibt eine Menge leerer Boote da draußen. Und wir schreien sie ständig an und drohen mit der Faust. Wir könnten statt dessen zulassen, daß sie unseren Geist anhalten. Auch wenn sie unseren Geist nur für eine Sekunde anhalten, können wir in dieser kleinen Lücke ruhen. Wenn die Story losgeht, können wir die Tonglen-Übung des Tauschens mit anderen ausführen. Auf diese Weise kann alles, was uns begegnet, uns helfen, Erbarmen zu kultivieren und uns wieder mit der Geräumigkeit und Offenheit unseres Geistes zu verbinden.

53

Die Drei Punkte

In den buddhistischen Lehren wird der emotionale Aufruhr *Kleshas* genannt; die Kleshas sind „Gifte". Es gibt drei hauptsächliche Gifte: Begehren, Aggression und Unwissenheit. Wir könnten diese drei auch anders beschreiben; wir könnten sie zum Beispiel auch Gier, Zorn und Gleichgültigkeit nennen. Alle möglichen Süchte gehören zur Kategorie der Gier, welche Habenwollen, Habenwollen, Habenwollen bedeutet – das Gefühl haben, daß wir eine Art Befriedigung brauchen. Zum Zorn gehört Gewalttätigkeit, Wut, Haß, alle möglichen Formen der Negativität, auch kleine Verärgerungen. Und Unwissenheit? Heutzutage nennt man das Verdrängung.

Die drei Gifte sind immer auf die eine oder andere Weise eine Falle; sie nehmen uns gefangen und machen unsere Welt sehr klein. Wenn man nach etwas giert, dann könnte man gerade am Rande des Grand Canyon sitzen, aber alles, was man vor sich sieht, ist das Stück Schokoladenkuchen, auf das man Lust hat. Mit Zorn kann man am Rande des Grand Canyon sitzen, und alles, was man hört, sind die wütenden Worte, die man vor zehn Jahren jemandem an den Kopf geworfen hat. Mit Unwissenheit sitzt man mit einer Papiertüte über dem Kopf am Rande des Grand Canyon. Jedes der drei Gifte hat die Macht, uns derart in seinen Bann zu ziehen, daß wir nicht einmal mehr wahrnehmen, was vor unserer Nase ist.

Die Kernunterweisung hierzu besagt: Ganz gleich, was Sie tun, versuchen Sie nicht das Gift von sich zu weisen. Wenn Sie versuchen, es loszuwerden, dann verlieren Sie zusammen mit Ihrer Neurose auch Ihren Reichtum. So seltsam es scheint: Das, was wir in unserem Leben am allerliebsten vermeiden würden, ist ganz wichtig für das Erwecken von Bodhichitta. Es sind diese wunden emotionalen Punkte, an denen ein Krieger Weisheit und Erbarmen gewinnt. Natürlich würden wir lieber nicht an diese Punkte rühren, anstatt dabei zu bleiben. Darum sind Mut und Mitgefühl mit uns selbst unerläßlich. Wenn wir ohne Liebende Güte beim Schmerz verweilen, dann ist das der reinste Krieg.

54

Tonglen im Augenblick

Tonglen im Laufe des Alltags zu praktizieren, kann sich natürlicher anfühlen, als es auf dem Meditationskissen zu üben. Es wird uns dabei sicher nie an Anlässen mangeln. Die Übung im Alltag ist niemals abstrakt. Wir schulen uns darin, unangenehme Gefühle einzuatmen und das Skript fallenzulassen, sobald unangenehme Gefühle aufsteigen. Gleichzeitig schließen wir andere Menschen, die dieselben unangenehmen Gefühle erfahren, in unsere Gedanken und unsere Fürsorge ein, und wir atmen mit dem Wunsch ein, daß wir alle von dieser besonderen Art von Verblendung frei sein mögen. Wenn wir dann ausatmen, senden wir zu uns selbst und zu all den anderen aus, was immer in dieser Situation Linderung verschaffen könnte. Wir üben dies auch, wenn wir Tieren oder Menschen begegnen, die Schmerzen leiden. Wir können versuchen, dies zu tun, wann immer schwierige Situationen oder unangenehme Gefühle auftauchen. Mit der Zeit wird diese Übung dann immer mehr zu einer automatischen Reaktion.

Es ist auch sehr hilfreich, in unserem Alltag auf die Dinge zu achten, die uns Freude machen. Sobald wir dieser Freude gewahr werden, können wir uns vorstellen, sie an andere auszusenden. Damit verstärken wir die Tonglen-Haltung noch mehr.

Je mehr wir uns als Krieger-Bodhisattvas darin schulen, diese Haltung zu kultivieren, desto mehr werden wir auch fähig, Freude und Gleichmut zu empfinden. Gerade weil wir den Mut und die Bereitschaft aufbringen, mit dieser Übung zu arbeiten, vermögen wir auch unser eigenes Grundlegendes Gutsein und das der anderen zu erfahren. Wir sind eher in der Lage, das Potential der verschiedensten Menschen zu würdigen – derer, die uns angenehm sind, wie derer, die uns unangenehm sind, und auch das der Menschen, die wir gar nicht kennen. So werden durch das Tonglen unsere Vorurteile immer durchlässiger, und wir lernen eine zartere, offenherzigere Welt kennen.

55

Beginne, wo du bist (immer und immer wieder)

Beginnen Sie, wo Sie sind. Das ist ganz wichtig. Bei der Tonglen-Praxis (und allen anderen Meditationsübungen) geht es nicht um später, wenn Sie alles geregelt haben und genau die Person sind, vor der Sie wirklich Respekt haben können. Sie mögen der gewalttätigste Mensch in der Welt sein – das ist ein guter Ort, um anzufangen. Das ist ein sehr lohnender Ort zum Anfangen, saftig und geruchsintensiv. Sie sind vielleicht der depressivste Mensch in der Welt, der süchtigste Mensch in der Welt, der eifersüchtigste Mensch in der Welt. Sie mögen das Gefühl haben, daß es auf dem ganzen Planeten niemanden gibt, der sich selbst so sehr haßt, wie Sie es tun. All das ist ein guter Ort zum Anfangen. Genau dort, wo Sie sind – das ist der richtige Ort zum Anfangen.

Was Sie für sich selbst tun – jede Geste der Freundlichkeit, jede Geste der Zärtlichkeit, jede Geste der Ehrlichkeit und der klaren Sicht auf sich selbst –, wird einen Einfluß auf Ihre Erfahrung der Welt haben. Dadurch wird Ihre Welterfahrung in der Tat transformiert. Was Sie für sich selbst tun, das tun Sie für andere. Wenn Sie in der Übung des Tonglen mit anderen tauschen, dann wird immer weniger gewiß, was da draußen und was hier drinnen ist.

56

Das Leben erfahren

Eine Frau ist auf der Flucht vor einem sie verfolgenden Tiger. Sie rennt und rennt, und der Tiger kommt immer näher. Da kommt sie an den Rand eines Abgrunds. Sie erspäht eine Liane, und so klettert sie über die Kante und klammert sich an der Liane fest. Als sie hinabschaut, sieht sie, daß unten ebenfalls ein Tiger auf sie wartet. Dann bemerkt sie eine Maus, die dabei ist, die Liane, an der sie sich festhält, durchzubeißen. Da fällt ihr Blick auf eine Erdbeerpflanze in der Felswand vor sich. Sie blickt hinauf, sie blickt hinab, und dann auf die Maus. Sie pflückt eine Erdbeere, steckt sie sich in den Mund und genießt den süßen Geschmack.

Tiger oben, Tiger unter – das ist die mißliche Lage, in der wir praktisch immer sind. Wir wurden geboren, und früher oder später werden wir sterben. Jeder Augenblick ist einfach das, was er ist. Ärger, Bitterkeit und Groll halten uns davon ab, zu sehen, zu hören, zu schmecken und zu genießen. Dies ist vielleicht der letzte Augenblick in unserem Leben, dies ist vielleicht die einzige Erdbeere, die wir je essen werden. Wir können darüber deprimiert sein, oder wir können den Augenblick auskosten. Wir könnten die Kostbarkeit jedes einzigen Augenblicks genießen.

57

Sehen, was ist

Wenn wir an Überzeugungen festhalten, so engt das unsere Erfahrung des Lebens ein. Das heißt nicht, daß Überzeugungen oder Meinungen oder Ideen an sich ein Problem sind. Was Probleme macht, ist unser starrköpfiges Insistieren darauf, daß die Dinge so und nicht so sein sollten, ist unser Festhalten an Überzeugungen und Meinungen. Wenn wir unseren Glauben auf diese Weise benutzen, dann schaffen wir eine Situation, in der wir mit Absicht blind sind, statt zu sehen, taub sind, statt zu hören, in der wir lieber tot sind als lebendig, in der wir lieber schlafen, als wach zu sein.

Gehören wir jedoch zu den Menschen, die lieber ein gutes, reiches, uneingeschränktes, abenteuerliches, wahres Leben führen wollen, dann können wir einem ganz konkreten Rat folgen: Sieh, was ist! Wenn Sie sich dabei erwischen, daß Sie an Überzeugungen und Gedanken festhalten, dann sehen Sie einfach, was ist. Nehmen Sie das zur Kenntnis, ohne Ihre Überzeugung wahr oder falsch zu nennen. Sehen Sie sie klar und ohne sie zu beurteilen, und lassen Sie sie dann gehen. Kommen Sie zum gegenwärtigen Augenblick zurück. Von jetzt an bis zum Augenblick Ihres Todes könnten Sie genau dies tun.

58

Der Buddha

Wenn Menschen sich dafür entscheiden, Buddhist zu werden, dann nehmen Sie an einer offiziellen Zeremonie teil, während derer sie Zuflucht zu den Drei Kostbarkeiten nehmen – dem Buddha, dem Dharma und dem Sangha. Früher habe ich immer gedacht, daß es sich theistisch, dualistisch und irgendwie abhängig anhört, zu irgend etwas „Zuflucht zu nehmen". Der grundlegende Gedanke der Zuflucht ist jedoch, daß wir zwischen Geburt und Tod allein sind. Zu den Drei Kostbarkeiten Zuflucht zu nehmen bedeutet also nicht, daß wir bei ihnen Trost suchen. Es ist vielmehr ein grundlegender Ausdruck unseres Strebens, aus dem Nest zu springen, ob wir das Gefühl haben, dazu bereit zu sein, oder nicht, durch unsere Pubertätsriten hindurchzugehen und erwachsen zu werden, ohne eine Hand, an der wir uns festhalten. Zuflucht nehmen ist Ausdruck davon, daß wir beginnen, die Offenheit und Gutherzigkeit zu kultivieren, die es uns ermöglichen, immer weniger abhängig zu sein.

Der Buddha ist der Erwachte, und auch wir sind Buddhas. Wir sind der Erwachte – derjenige, der ständig springt, der sich ständig öffnet, der ständig voranschreitet. Ein Buddha zu sein ist nicht leicht. Es bedeutet, von Furcht, Ablehnung und Zweifel begleitet zu sein. Aber zu lernen, wie man in den leeren Raum springt, ohne Furcht, Ablehnung und Zweifel, ist der Weg, auf dem wir zu einem völlig menschlichen Wesen werden. Es gibt keine Trennung von Samsâra und Nirvâna oder, wie die Shambhala-Lehren es formulieren würden, von der Traurigkeit und dem Schmerz der Sonnenuntergangswelt und der Vision und Kraft der Großen Östlichen Sonne. Wir können sie beide mit unserem Herzen umfangen – und genau das ist Sinn und Zweck der Praxis.

Zum Buddha Zuflucht zu nehmen bedeutet, daß wir bereit sind, uns unser ganzes Leben lang immer wieder mit der Eigenschaft des durchgängigen Wachseins zu verbinden. Jedes Mal, wenn wir gern auf eines unserer gewohnten Mittel der Ausflucht zurückgreifen würden, legen wir ein weiteres Stück unserer Rüstung ab. Wir lassen Stück für Stück den ganzen Kram fallen, der unsere Weisheit, unsere Freundlichkeit und unsere Wachheit überdeckt. Wir versuchen nicht, zu etwas zu werden, das wir nicht sind. Wir verbinden uns vielmehr wieder mit dem, was wir wirklich sind. Wenn wir also sagen: „Ich nehme Zuflucht zum Buddha", dann bedeutet das, zu dem Mut und dem Potential der Furchtlosigkeit Zuflucht zu nehmen, jegliche Panzerung abzulegen, die meine eigene Wachheit überdeckt. Ich bin wach. Ich will mein Leben lang diese Rüstung ablegen. Niemand sonst kann sie für mich ablegen, denn niemand sonst weiß, wo all die kleinen Verschlüsse sind, niemand sonst weiß, wo die Rüstung besonders eng geschnürt ist, wo es besonders viel Arbeit brauchen wird, um einen ganz bestimmten Eisendraht zu lösen. Das müssen wir ganz allein machen. Die Grundunterweisung ist einfach: Fang an, diese Rüstung abzulegen. Das ist alles, was irgend jemand Ihnen sagen kann. Niemand sonst kann Ihnen sagen, wie Sie das tun können, denn Sie selbst sind der einzige, der weiß, *wie* Sie sich zuerst einmal eingepanzert haben.

59

Jetzt

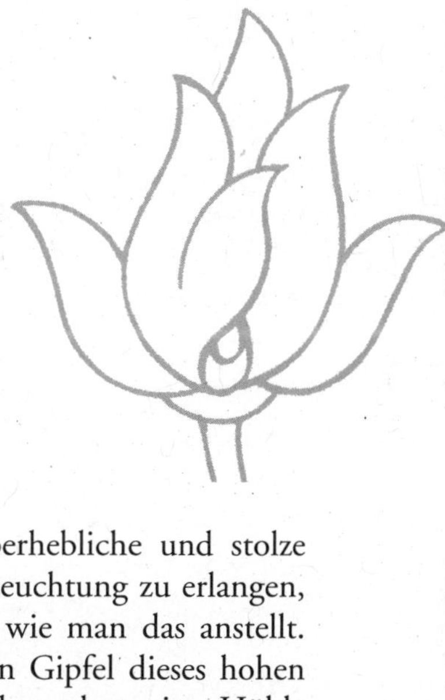

Es war einmal eine ziemlich überhebliche und stolze Dame. Sie war entschlossen, Erleuchtung zu erlangen, und sie fragte alle Autoritäten, wie man das anstellt. Man sagte ihr: „Nun, wenn du auf den Gipfel dieses hohen Berges dort kletterst, dann wirst du dort oben eine Höhle finden. In der Höhle sitzt eine weise alte Frau. Sie wird es dir verraten."

Nach einem überaus beschwerlichen Aufstieg fand die Dame schließlich zu dieser Höhle. Und tatsächlich, in der Höhle saß eine freundliche, spirituell aussehende alte Frau in weißen Gewändern mit einem glückseligen Lächeln auf dem

Antlitz. Von Ehrfurcht und Respekt überwältigt, warf die Dame sich zu Füßen der alten Frau nieder und sagte: „Ich will Erleuchtung erlangen. Zeigt mir, wie man das macht." Die weise Frau sah sie an und sagte gütig: „Bist du sicher, daß du Erleuchtung erlangen willst?" Und die Dame antwortet: „Aber gewiß, ich bin ganz sicher." Da verwandelte die lächelnde alte Frau sich in einen Dämon, der sich erhob, einen riesigen Stock schwingend hinter ihr her jagte und schrie: „Jetzt! Jetzt! Jetzt!" Für den Rest ihres Lebens wurde die Dame diesen Dämon nicht mehr los, der ständig sagte: „Jetzt!"

Nun, das ist der Schlüssel. Die Übung der Achtsamkeit schult uns dazu, in Hinsicht auf das *Jetzt* wach und lebendig und neugierig zu ein. Ausatmen ist *jetzt*, einatmen ist *jetzt*, aus unseren Phantasien erwachen ist *jetzt*, und selbst die Phantasien sind *jetzt*. Je vollständiger Sie ganz *jetzt* sein können, desto deutlicher erkennen Sie, daß Sie ständig in der Mitte eines heiligen Kreises stehen. Und das ist keine kleine Sache, ob Sie nun gerade Ihre Zähne putzen, auf Ihr heißes Essen pusten oder Ihren Hintern abwischen. Was immer Sie tun, tun Sie jetzt.

60

Das Herz des Alltagslebens

Der Buddha sagte, wir seien nie von der Erleuchtung getrennt. Selbst zu den Zeiten, wo wir nicht mehr ein noch aus wissen, sind wir dem erwachten Zustand niemals entfremdet. Das ist eine revolutionäre Behauptung. Selbst ganz gewöhnliche Menschen wie wir, mit unseren Problemen, unserer Verblendung, haben diesen Geist der Erleuchtung, der Bodhichitta genannt wird. Eine Analogie für Bodhichitta ist die Wundheit eines gebrochenen Herzens. Dies ist das Bindeglied zu allen Menschen, die jemals geliebt haben. Dieses lautere Herz der Traurigkeit kann uns das Große Erbarmen lehren. Es kann uns demütig machen, wenn wir arrogant sind, uns besänftigen, wenn wir unfreundlich sind. Es rüttelt uns auf, wenn wir lieber schlafen würden, und durchdringt unsere Gleichgültigkeit. Dieser andauernde Herzschmerz ist tatsächlich ein Segen, den wir, wenn wir ihn akzeptieren, mit allen teilen können.

Tatsächlich ist die Offenheit und Wärme des Bodhichittas unsere wahre Natur und unsere wahre Befindlichkeit. Selbst wenn unsere Neurose viel grundlegender zu sein scheint als unsere Weisheit, selbst wenn wir uns total verwirrt und hoffnungslos fühlen: Bodhichitta ist – wie der offene Himmel – immer hier, unbeeinträchtigt von den Wolken, die es für eine Weile verdecken.

Bodhichitta ist in den Momenten zugänglich, wo wir uns um Dinge kümmern – wenn wir unsere Brille putzen oder unser Haar kämmen. Es ist in Momenten zugänglich, wo wir etwas würdigen – wenn wir den blauen Himmel bemerken oder innehalten, um dem Regen zu lauschen. Es ist in Momenten der Dankbarkeit zugänglich – wenn wir uns einer Freundlichkeit erinnern oder den Mut eines anderen Menschen anerkennen. Es ist in der Musik und im Tanz zugänglich, in der Kunst und in der Poesie. Wann immer wir davon ablassen, an uns selbst festzuhalten, und die Welt um uns herum ansehen, wann immer wir uns auf Kummer einlassen, wann immer wir uns auf Freude einlassen, wann immer wir von unserer Ablehnung und unserem ständigen Klagen ablassen, ist Bodhichitta hier.

61

Der sich weitende Kreis des Erbarmens

Es ist wirklich wagemutig, niemanden aus unserem Herzen auszuschließen, niemanden zu einem Feind zu machen. Wenn wir beginnen, auf diese Weise zu leben, stellt sich heraus, daß wir tatsächlich von niemandem mehr sagen können, er habe vollständig Recht oder vollständig Unrecht. Das Leben ist viel ungreifbarer und spielerischer. Der Versuch, das absolut Richtige und absolut Falsche zu finden, ist eine Posse, die wir uns selbst vorspielen, um uns sicher und bequem fühlen zu können.

Mitfühlendes Handeln, für andere da sein, auf eine Weise handeln und reden zu können, die zu wirklicher Kommunikation führt – all das beginnt damit, daß wir bemerken, wann wir ansetzen, unseren eigenen Standpunkt für richtig oder falsch zu halten. In einem solchen Moment könnten wir einfach die Tatsache kontemplieren, daß es noch eine Alternative zu diesen beiden Möglichkeiten gibt – und die ist Bodhichitta. Wenn wir mit diesem wunden und empfindlichen Punkt in Berührung kommen, wird uns das helfen, uns darin zu schulen, uns noch mehr für das zu öffnen, was wir fühlen, statt uns weiter zu verschließen. Wenn wir uns der Übung des Tonglen widmen und dabei beginnen, Aspekte unserer selbst zu feiern, die wir früher für ziemlich unmöglich gehalten haben, dann kommt es in uns zu einem andauernden Wandel. Unsere alten Gewohnheitsmuster werden durchlässiger, und wir fangen an, die Gesichter der Menschen zu sehen und die Worte der Menschen zu hören, die mit uns sprechen. Indem wir lernen, Mitgefühl mit uns selbst zu haben, beginnt der Kreis des Erbarmens – das, womit, und die Menschen, mit denen wir umgehen können und wie wir das tun – sich auszuweiten.

62

Unannehmlichkeiten

Wenn wir uns auf die Reise des Kriegers begeben, stellt sich heraus, daß diese oft äußerst unbequem ist. Wollen wir damit anfangen, unser Leben in vollen Zügen zu leben, statt uns für den Tod zu entscheiden, dann entdecken wir, daß das Leben voller Unannehmlichkeiten ist. Aus vollem Herzen zu leben ist ein kostbares Geschenk, aber niemand kann es Ihnen schenken. Sie müssen den Pfad mit Herz selbst finden und ihn dann in Makellosigkeit beschreiten. Wenn Sie das tun, treffen Sie immer und immer wieder auf die Unannehmlichkeiten Ihrer eigenen Gereiztheit, Ihrer eigenen Sorgen, Ihrer eigenen Abstürze. Doch wenn Sie aus vollem Herzen praktizieren und aus vollem Herzen den Pfad beschreiten, dann sind diese Unannehmlichkeiten kein Hindernis. Sie gehören einfach zur Beschaffenheit des Lebens, sie sind eine bestimmte Energie in diesem Leben.

Und nicht nur das: Manchmal, wenn Ihnen gerade Flügel gewachsen sind, sich alles ganz wunderbar anfühlt und Sie glauben: „Das ist es, dies ist genau der Pfad, der Herz hat", fallen Sie ganz plötzlich auf die Nase. Alle Blicke richten sich auf Sie, und Sie fragen sich: „He, was ist aus dem Pfad mit Herz geworden? Dies hier fühlt sich eher an wie der Pfad mit einer blutigen Nase." Doch da Sie sich aus vollem Herzen der Reise des Kriegers verpflichtet haben, spornt Sie das an, es versetzt Ihnen einen Stich. Es ist so, als lachte Ihnen jemand ins Gesicht und forderte Sie heraus, selbst herauszufinden, was Sie tun können, wenn Sie keine Ahnung haben, was Sie tun sollen. Es macht Sie demütig. Es öffnet Ihr Herz.

63

Den Kreis ausweiten

Was ist nötig, damit es weniger Gewalt auf diesem Planeten gibt und nicht mehr? Bringen wir diese Frage auf eine persönliche Ebene: Wie kann ich lernen, mit jemandem zu kommunizieren, der mich oder andere Menschen verletzt? Wie kann ich so kommunizieren, daß sich ein Raum öffnet und wir beide mit einer Art grundlegender Intelligenz in Berührung kommen, die uns allen gemeinsam ist? Wie vermag ich so zu kommunizieren, daß eine Situation, die eingefroren, ausweglos und auf ewig von Gewalt bestimmt zu sein scheint, aufgeweicht wird und es zu einem mitfühlenden Austausch kommen kann?

Beginnen Sie damit, daß Sie bereit sind zu fühlen, was Sie durchmachen. Seien Sie bereit, eine mitfühlende Beziehung zu den Teilen von Ihnen selbst herzustellen, die Ihrer Meinung nach keine Existenzberechtigung haben. Wenn Sie aufgrund Ihrer Meditation bereit sind, nicht nur auf die Dinge zu achten, die sich angenehm anfühlen, sondern auch darauf, wie Schmerz sich anfühlt, wenn Sie einfach nur danach *streben,* wach und offen für das zu bleiben, was Sie fühlen, es jeden Moment so gut wie möglich zu bemerken und zur Kenntnis zu nehmen, dann beginnt sich bereits etwas zu verändern.

64

Was ist Karma?

Karma ist ein schwieriges Thema. Grundsätzlich bedeutet es, daß alles, was in Ihrem Leben geschieht, die Auswirkung von Dingen ist, die Sie zuvor getan haben. Deshalb werden Sie aufgefordert, mit dem zu arbeiten, was geschieht, anstatt andere dafür verantwortlich zu machen. Diese Art der Darstellung von Karma kann jedoch leicht mißverstanden werden. Die Leute kommen auf einen fürchterlichen Schuld-und-Sühne-Trip. Wenn irgend etwas schiefgeht, so glauben sie, bedeutet es, daß sie etwas Böses getan haben und nun dafür bestraft werden. Aber das ist keineswegs die Bedeutung von Karma. Die Bedeutung von Karma ist, daß wir unablässig die Lehren erhalten, die wir brauchen, um unser Herz öffnen zu können. In dem Maße, in dem Sie in der Vergangenheit nicht verstanden haben, wie Sie damit aufhören können, Ihren wunden Punkt abzuschotten, Ihr Herz zu panzern, erhalten Sie nun das Geschenk dieser Lehren in der Form Ihres Lebens. Ihr Leben präsentiert Ihnen alles, was Sie brauchen, um zu lernen, wie Sie sich noch weiter öffnen können.

65

Erwachsen werden

Es ist wichtig zu lernen, wie man freundlich zu sich selbst ist. Wenn wir in unser eigenes Herz schauen und zu entdecken beginnen, was dort verwirrt und was glänzend ist, was bitter und was süß ist, dann lernen wir nicht allein uns selbst kennen, wir entdecken das Universum. Wenn wir den Buddha entdecken, der wir selbst sind, dann wird uns klar, daß alles und jedermann Buddha ist. Wir finden heraus, daß jedes Ding und jeder Mensch erwacht ist. Alles und jedermann ist kostbar und heil und gut. Betrachten wir Gedanken und Gefühle mit Humor und Offenheit, dann nehmen wir das Universum wahr.

Diese Öffnung für die Welt kommt uns selbst und gleichzeitig allen anderen zu Gute. Je mehr wir auf andere eingehen, desto schneller finden wir heraus, wo wir selbst blockiert sind. Es ist hilfreich, zu sehen, aber es ist auch schmerzlich. Manchmal benutzen wir das, was wir sehen, als eine Waffe, die wir gegen uns selbst wenden: Wir sind nicht freundlich, wir sind nicht ehrlich, wir sind nicht tapfer – und wir könnten eigentlich gleich die Flinte ins Korn werfen. Doch wenn wir die Unterweisung anwenden, genau in diesem Augenblick sanft und ohne zu urteilen mit allem umzugehen, was wir sehen, dann wird das beschämende Bild im Spiegel zu unserem Freund. Wir werden noch weicher, noch leichter und lichter, weil uns klar ist, daß dies die einzige Weise ist, wie wir weiter mit anderen arbeiten und irgend etwas zum Wohle der Welt beitragen können. Dies ist der Anfang des Erwachsenwerdens.

66

Losung: „Erwarte kein Lob“

Diese Losung meint, daß wir keinen Dank erwarten sollen. Das ist sehr wichtig. Wenn Sie die Tür öffnen und alle fühlenden Wesen als Ihre Gäste einladen, ja wenn Sie sogar die Fenster öffnen und die Mauern einzustürzen beginnen, dann finden Sie sich ohne jeglichen Schutz mitten im Universum. Das haben Sie nun davon. Wenn Sie geglaubt haben, daß Sie sich allein deshalb schon großartig fühlen würden und alle Welt sich bei Ihnen bedanken würde, dann haben Sie sich gründlich geirrt. Statt Dank zu erwarten, wäre es hilfreicher, wenn Sie sich auf das Unerwartete gefaßt machen würden. Dann könnten Sie das, was durch die Tür kommt, vielleicht neugierig und wissensdurstig empfangen. Wir können anfangen, unser Herz für andere zu öffnen, auch wenn es keine Hoffnung gibt, daß wir irgend etwas dafür bekommen. Wir tun es einfach um der Sache selbst willen.

Andererseits ist es gut, anderen gegenüber unsere Dankbarkeit zum Ausdruck zu bringen. Es ist hilfreich, wenn wir andere unsere Wertschätzung erkennen lassen. Wenn wir dies jedoch absichtlich tun, weil wir wollen, daß diese Menschen uns mögen, dann können wir uns an diese Losung erinnern. Wir können anderen danken, aber wir sollten alle Hoffnung aufgeben, von ihnen Dank zurückzubekommen. Halten Sie die Tür einfach offen – ohne jede Erwartung.

67

Sechs Weisen mitfühlenden Lebens

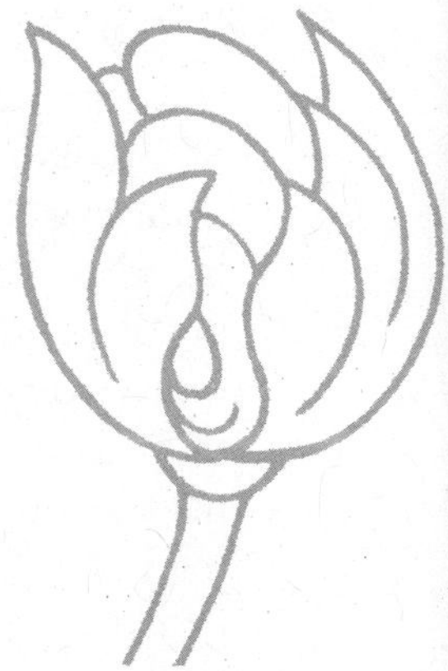

Es gibt der Tradition nach sechs Aktivitäten, in denen der Bodhisattva sich schult, sechs Weisen eines barmherzigen Lebens: Großzügigkeit (Gebefreudigkeit), Disziplin (Sittlichkeit), Geduld, freudige Bemühung (Begeisterung, Energie), Meditation und Prajñâ, bedingungslose Weisheit. In der Tradition werden sie die Sechs Pâramitâs genannt; *Pâramitâ* ist ein Sanskrit-Begriff, der soviel bedeutet wie „ans andere Ufer gegangen". Jede dieser Aktivitäten können wir dazu benutzen, uns über Abneigung und Anhaften hinauszutragen, über die Verstrickung in uns selbst, über die Wahnvorstellung der Getrenntheit hinaus. Jede der Pâramitâs vermag uns über die Furcht vor dem Loslassen hinauszuführen. Durch die Pâramitâ-Schulung lernen wir, im Ungewissen zu Hause zu sein. Zum anderen Ufer gehen hat eine bodenlose Qualität; wir haben das Gefühl, irgendwo in der Mitte festzustecken, in einer Art Zwischenzustand gefangen zu sein.

Es kann leicht passieren, daß wir die Pâramitâs als einen rigiden ethischen Kodex auffassen, eine Liste von Regeln. Aber die Welt des Krieger-Bodhisattvas ist nicht so simpel. Die Macht der Pâramitâs besteht nicht darin, daß sie Gebote darstellen, sondern daß sie unsere Gewohnheitsmuster erschüttern. Die Schulung in den Pâramitâs ist etwas, das uns demütig und aufrichtig macht. Wenn wir Großzügigkeit üben, dann lernen wir unser Anhaften sehr genau kennen. Üben wir die Disziplin des Nichtverletzens, dann erkennen wir unsere Rigidität und unseren Wunsch, Kontrolle auszuüben. Wenn wir Geduld üben, so hilft uns das, uns darin zu schulen, bei der Ruhelosigkeit unserer Energie zu bleiben und es den Dingen zu erlauben, sich in ihrem eigenen Tempo zu entwickeln. In der Begeisterung lassen wir von unserem Perfektionismus ab und verbinden uns mit der lebendigen Qualität jedes Augenblicks. Bei der Übung von Meditation schulen wir uns darin, ins Hier und Jetzt zurückzukehren. Und der forschende Geist der Prajñâ, der uns die Dinge genau so sehen läßt, wie sie sind, ist der Schlüssel zu dieser ganzen Schulung. Ohne die Prajñâpâramitâ oder das bedingungslose Bodhichitta können wir die anderen fünf Aktivitäten nämlich dazu heranziehen, uns in der Illusion eines festen Bodens unter unseren Füßen zu wiegen.

68

Prajñâ

Prajñâ ist jene Weisheit, die durch das enorme Leiden hindurchschneidet, welches daraus entsteht, daß wir versuchen, unseren festen Standpunkt zu behaupten. Die Prajñâ läßt nicht zu, daß wir unser Handeln dazu benutzen, uns Sicherheit vorzuspiegeln. Prajñâ verwandelt alles Tun in Gold. Es heißt, daß die anderen fünf Aktivitäten – Großzügigkeit, Disziplin, Geduld, freudige Bemühung und Meditation – uns Bezugspunkte bereitstellen können, doch Prajñâ schneidet durch all dies hindurch. Prajñâ macht uns heimatlos; sie gibt einfach keinen Punkt, auf dem wir beharren können. Und weil dem so ist, können wir uns endlich entspannen.

Manchmal haben wir eine schreckliche Sehnsucht nach unseren alten Gewohnheiten. Wenn wir mit Großzügigkeit arbeiten, dann bemerken wir, wie gern wir eigentlich festhalten würden. Arbeiten wir mit Disziplin, dann wird uns klar, daß wir am liebsten abschalten und gar nicht mit den Dingen umgehen würden. Beim Arbeiten mit Geduld wird deutlich, wie gern wir uns beeilen. Wenn wir begeisterte Bemühung praktizieren, wird uns klar, wie faul wir sind. Bei der Meditation lernen wir unsere endlose Tendenz zum Abschweifen kennen, unsere Ruhelosigkeit und unsere Einstellung des „Ist mir doch egal".

Doch aufgrund der Prajñâ werden die anderen fünf Aktivitäten oder Pâramitâs zu einem Weg, uns unserer Verteidigungsmechanismen zu entledigen. Jedes Mal, wenn wir geben, jedes Mal, wenn wir Disziplin, Geduld oder begeisterte Bemühung üben, ist das so, als fiele uns eine schwere Last von den Schultern. Das Fundament der Prajñâpâramitâ ist Achtsamkeit, eine fortlaufende Erkundung unserer Erfahrung. Wir suchen ohne die Absicht, dauerhafte Lösungen zu finden. Wir kultivieren einen Geist, der bereit und neugierig ist und sich nicht mit beschränkten oder voreingenommenen Ansichten zufrieden gibt. Mit diesem nichtfestgelegten Geist der Prajñâ üben wir die anderen Pâramitâs und gehen damit von der Engstirnigkeit zu Flexibilität und Furchtlosigkeit über.

69

Großzügigkeit

Das Wesen der Großzügigkeit ist loslassen. Schmerz ist immer ein Zeichen dafür, daß wir an irgend etwas festhalten – gewöhnlich an uns selbst. Wenn wir uns unglücklich oder unzureichend fühlen, dann werden wir geizig, wir halten an den Dingen fest. Großzügigkeit ist eine Aktivität, die uns lockerer macht. Indem wir verschenken, was wir können – einen Euro, eine Blume, ein Wort des Trostes –, üben wir uns darin, loszulassen.

Es gibt viele verschiedene Möglichkeiten, Großzügigkeit zu üben. Dabei kommt es nicht so sehr darauf an, was wir geben, sondern daß wir unsere Haltung des Festklammerns aufweichen. Eine traditionelle Übung besteht einfach darin, daß wir ein Objekt, an dem wir sehr hängen, von einer Hand in die andere geben. Ich kannte einmal eine Frau, die sich entschlossen hatte, alles wegzugeben, an dem sie hing. Ein Mann gab nach dem Tod seines Vaters Menschen auf der Straße ein halbes Jahr lang jeden Tag Geld. Es war seine Weise, mit dem Kummer zu arbeiten. Eine andere Frau schulte sich mit einer Visualisierung, in der sie genau jene Dinge weggab, die zu verlieren sie besonders fürchtete.

Die Übung des Gebens zeigt uns, wo wir noch Dinge zurückhalten, woran wir uns noch festklammern. Wir beginnen mit unseren wohldurchdachten Plänen, aber das Leben macht sie zunichte. Aus einer Geste der Großzügigkeit wird sich echtes Loslassen entwickeln. Unsere übliche Sichtweise wird sich verändern. Die Ursachen für Aggressivität und Furcht beginnen sich aufzulösen, wenn wir über die Armut des Für-uns-Behaltens und Festhaltens hinausgehen.

Der Weg der Großzügigkeit besteht darin, daß wir uns so weitgehend mit dem Bodhichitta verbinden, daß wir bereit sind, alles aufzugeben, was ihm im Wege steht. Wir öffnen uns und lassen zu, daß wir angerührt werden. Wir gewinnen Zutrauen zu einem alles durchdringenden Reichtum. Auf der Ebene des alltäglichen Geschehens erfahren wir das als Flexibilität und Wärme.

70

Disziplin

Die Ursachen der Aggressivität aufzulösen braucht Disziplin – eine sanfte aber präzise Disziplin. Ohne die Pâramitâ der Disziplin haben wir einfach nicht die Stütze, die wir brauchen, um uns entwickeln zu können. Auf der äußeren Ebene können wir uns Disziplin als eine Struktur vorstellen, also etwa eine dreißigminütige Meditationsrunde oder ein zweistündiger Vortrag über den Dharma. Das beste Beispiel ist wahrscheinlich die Meditationstechnik. Wir setzen uns in einer bestimmten Haltung hin und befolgen die Meditationsanweisungen so getreulich wir möglich. Durch alles Auf und Ab in der Stimmung, durch Erinnerungen, dramatische

Episoden und Langeweile hindurch bringen wir unsere Aufmerksamkeit immer wieder sanft zum Ausatem zurück. Dieser simple, sich ständig wiederholende Prozeß ist so etwas wie eine Einladung an unseren grundlegenden Reichtum, sich in unserem Leben zu manifestieren. Auf diese Weise befolgen wir die Anleitungen, wie es Meditierende bereits seit Jahrhunderten getan haben.

Innerhalb dieser Struktur gehen wir mitfühlend vor. Auf der inneren Ebene bedeutet Disziplin, daß wir zu Freundlichkeit, Ehrlichkeit und Loslassen zurückkehren. Die Disziplin besteht darin, eine Balance zwischen dem Nicht-allzu-Angespannten und dem Nicht-allzu-Lockeren zu finden – zwischen nicht allzu großer Laxheit und nicht allzu großer Rigidität.

Disziplin gibt uns die Unterstützung, die wir brauchen, um unser Tempo so weit verlangsamen und so geistesgegenwärtig sein zu können, daß wir mit unserem Leben zurechtkommen, ohne Schaden anzurichten. Sie ermutigt uns dazu, uns auf die Bodenlosigkeit einzulassen. Wir disziplinieren uns dazu, auf keine der potentiellen Ausflüchte aus der Realität einzugehen. So macht es uns die Disziplin möglich, genau hier zu sein und uns mit dem Reichtum des Augenblicks zu verbinden.

71

Geduld

Die Macht der Pâramitâ der Geduld besteht darin, daß sie das Gegenmittel zu Zorn ist. Durch sie können wir lernen, alles, dem wir auf dem Pfad begegnen, zu lieben und uns darum zu kümmern. Geduld heißt keineswegs, daß wir irgend etwas erdulden – lächeln und es ertragen. Statt in irgendeiner Situation jedoch plötzlich zu reagieren, können wir sie auskosten, sie riechen, sie anschauen und uns öffnen, um erst einmal zu sehen, was überhaupt los ist. Das Gegenteil von Geduld ist Aggressivität – der Drang, gleich drauf los zu gehen und etwas zu unternehmen, gegen unser Leben anzukämpfen, den Raum irgendwie auszufüllen. Zum Weg der

Geduld gehört, daß man sich entspannt, sich dem öffnet, was geschieht, und staunen kann.

Eine der Möglichkeiten, Geduld zu üben, ist die Praxis des Tonglen. Wenn wir plötzlich etwas unternehmen wollen, wenn wir beginnen, durch das Leben zu hetzen, wenn wir meinen, eine Lösung herbeiführen zu müssen, wenn jemand uns anschreit und wir uns beleidigt fühlen, dann wollen wir zurückschreien und uns revanchieren. Wir wollen unser Gift verspritzen. Statt das zu tun, können wir allerdings auch mit der grundlegenden menschlichen Ruhelosigkeit, der grundlegenden menschlichen Aggressivität in Kontakt treten, indem wir für alle Lebewesen Tonglen üben. Dann können wir ein Gefühl der Geräumigkeit aussenden, das die Dinge noch mehr bremst. Wie wir so dasitzen oder dastehen, können wir Raum dafür machen, daß unsere Gewohnheitsmuster *nicht* ablaufen. Dann können unsere Worte und unser Handeln völlig anders aussehen, weil wir uns Zeit gegeben haben, die Situation erst einmal zu betasten, sie zu schmecken und anzuschauen.

Bei der Schulung mit der Pâramitâ der Geduld haben wir zuerst mit uns selbst Geduld. Wir lernen, entspannt mit der Ruhelosigkeit unserer Energie umzugehen – der Energie von Zorn, Langeweile und Aufgeregtheit. Geduld verlangt Mut. Sie ist durchaus kein idealer Zustand der Ruhe. Wenn wir Geduld praktizieren, dann sehen wir unsere Aufgeregtheit in der Tat noch viel deutlicher.

72

Freudige Bemühung

Die Pâramitâ der Bemühung hat mit Freude zu tun. Beim Üben dieser Pâramitâ sind wir wie kleine Kinder, die Laufen lernen – wir üben uns begeistert, doch ohne ein Ziel. Dieser freudigen, hochfliegenden Energie teilhaftig zu werden, ist nicht etwa Glückssache. Damit wir sie erfahren können, müssen wir uns unablässig in Achtsamkeit und Maitrî üben, darin, die Barrieren aufzulösen und unser Herz zu öffnen. Wenn wir lernen, uns mit der Bodenlosigkeit anzufreunden, entsteht diese Begeisterung.

Durch unablässige Übung finden wir heraus, wie wir die Grenze zwischen Feststecken und Aufwachen überschreiten können. Alles hängt davon ab, ob wir bereit sind, Gefühle, denen wir seit vielen Jahren ausgewichen sind, unmittelbar zu erfahren. Diese Bereitschaft, für das offen zu bleiben, was uns Angst macht, schwächt unsere gewohnte Vermeidungshaltung. Auf diese Weise wird das Festhalten am Ego durchlässig und beginnt zu verblassen. Je mehr wir mit einer umfassenderen Perspektive in Berührung kommen, desto intensiver wird unsere Verbindung zur Freude. Bemühung hat mit unserem Appetit auf Erleuchtung zu tun. Sie gestattet es uns, zu geben und alles zu würdigen, was uns begegnet. Wüßten wir wirklich, welches Unglück die Tatsache, daß wir alle den Schmerz zu meiden und Lust zu finden suchen, über diesen ganzen Planeten bringt – wie sehr uns das unglücklich macht und uns von unserem Grundlegenden Gutsein abschneidet –, dann würden wir üben, als stünden unsere Haare in Flammen. Niemand würde glauben, daß er ja noch viel Zeit hat und genauso gut später anfangen kann.

Wenn wir jedoch Bemühung üben, dann erfahren wir, daß es uns manchmal gelingt und manchmal nicht. Darum stellt sich die Frage: Wie kommen wir mit der Inspiration in Berührung? Wie kommen wir mit dem zündenden Funken und der Freude in Berührung, die uns in jedem Augenblick zur Verfügung stehen?

73

Meditation

Wenn wir uns zum Meditieren hinsetzen, lassen wir die Idee des perfekten Meditierenden, der idealen Meditation und von vorweggenommenen Resultaten beiseite. Wir schulen uns darin, einfach gegenwärtig zu sein. Wir öffnen uns dem Schmerz und der Freude des Lebens ganz und gar. Wir üben uns in Präzision, Sanftheit und Loslassen. Weil wir unsere Gedanken und Gefühle mit Mitgefühl ansehen, hören wir auf, gegen uns selbst zu kämpfen. Wir lernen zu merken, wann wir total feststecken, und trauen uns zu, loszulassen. So beginnen die von unseren Gewohnheiten und Vorurteilen errichteten Barrieren zu fallen.

Auf diese Weise wird uns die Weisheit, die wir zuvor blockiert haben – die Weisheit des Bodhichittas –, verfügbar.

Von allem, was wir tun, ist Meditation vielleicht die einzige Sache, die der Situation nichts hinzufügt. Wenn wir uns zur Meditation hinsetzen, können wir uns mit etwas Bedingungslosem verbinden – einem Geisteszustand, einer grundlegenden Umgebung, wo nichts ergriffen und nichts zurückgewiesen wird. Alles darf ohne weitere Ausschmückung einfach kommen und gehen. Meditation ist eine völlig gewaltlose und nichtaggressive Betätigung. Wenn wir den Raum nicht ausfüllen und die Möglichkeit zulassen, uns mit bedingungsloser Offenheit zu verbinden, dann legt das das Fundament für echten Wandel. Je mehr wir mit dieser Unmöglichkeit sitzen, desto klarer wird uns, daß sie im Grunde doch jederzeit möglich ist.

Halten wir an Gedanken und Erinnerungen fest, dann klammern wir uns an etwas, das sich gar nicht greifen läßt. Wenn wir diese Phantome jedoch leicht berühren und sie dann loslassen, dann entdecken wir vielleicht eine Lücke, eine Pause in dem endlosen Geschwätz, dann erhaschen wir einen Blick auf den freien Himmel. Dies ist unser Geburtsrecht – die Weisheit, mit der wir geboren wurden, die unendliche sich entfaltende Manifestation ursprünglichen Reichtums, ursprünglicher Offenheit, ursprünglicher Weisheit. Wenn ein Gedanke aufgehört und der nächste noch nicht begonnen hat, dann können wir in diesem Raum ruhen.

74

Die Welt für sich sprechen lassen („Interpretiere nichts falsch“)

Die Losung „Interpretiere nichts falsch“ bedeutet, daß wir uns keine falschen Vorstellungen davon machen sollten, was Harmonie ist, was Erbarmen ist, was Geduld ist, was Großzügigkeit ist. Verstehen Sie diese Dinge nicht falsch. Es gibt Mitgefühl und es gibt Idiotenmitgefühl; es gibt Geduld und es gibt Idiotengeduld; es gibt Großzügigkeit und es gibt Idiotengroßzügigkeit. Wenn wir zum Beispiel versuchen, alles glattzubügeln, um jeder Konfrontation auszuweichen und bloß kein Aufsehen zu erregen, dann ist das nicht das, was mit Erbarmen oder Geduld gemeint ist. Das ist vielmehr, was mit Kontrolle gemeint ist. Dann versuchen wir nämlich *nicht,* uns in unbekanntes Gebiet vorzuwagen und uns der Wirklichkeit noch rückhaltloser zu stellen, indem wir ihr noch nackter und mit noch weniger Schutz begegnen. Wir benutzen dann vielmehr diese Idiotenformen von Erbarmen und so weiter, um festen Boden unter die Füße zu bekommen.

Wenn Sie die Tür öffnen und alle fühlenden Wesen als Ihre Gäste einladen, dann müssen Sie alle Pläne fahren lassen. Viele verschiedene Menschen kommen herein. Und wenn Sie gerade glauben, daß Sie jetzt eine hübsche kleine Strategie haben, die funktionieren könnte – dann funktioniert sie nicht. Für einen bestimmten Menschen war sie vielleicht ganz hilfreich, doch wenn Sie sie bei der nächsten Person ausprobieren, dann schaut die sie an, als hätten Sie nicht mehr alle Tassen im Schrank, und die nächste Person, bei der Sie es damit versuchen, ist vielleicht beleidigt. Sich eine Strategie zurechtzulegen, das funktioniert einfach nicht.

Sie wissen also nicht, was helfen könnte, und dennoch müssen Sie mit Klarheit und Entschiedenheit handeln. Klarheit und Entschiedenheit kommen daher, daß Sie bereit sind, langsamer zu machen, hinzuhören und sich genau anzusehen, was geschieht. Sie kommen daher, daß wir unser Herz öffnen und nicht davonlaufen. Dann sind unser Handeln und unsere Rede mit dem in Einklang, was getan werden muß – für Sie selbst und für die andere Person.

75

Meditation und Prajñâ

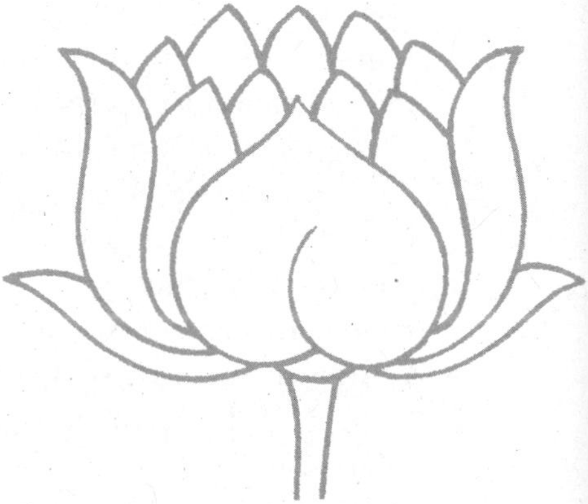

Als menschliche Wesen suchen wir nicht nur nach einer Lösung, sondern wir haben auch das Gefühl, eine Lösung verdient zu haben. Doch wir haben nicht nur keine Lösung verdient, wir würden sogar unter einer Lösung leiden. Wir verdienen etwas Besseres als eine Lösung: Wir verdienen unser Geburtsrecht – und das ist Prajñâ, ein offener Geisteszustand, der mit dem Paradoxen und Zweideutigen umzugehen vermag.

Prajñâ ist der ungefilterte Ausdruck des offenen Ohrs, des offenen Auges, des offenen Geistes, der in jedem Lebewesen anzutreffen ist. Es ist ein im Fluß befindlicher Vorgang, nicht etwas Umgrenztes und Festes, das sich zusammenfassen oder messen ließe.

Die Prajñâpâramitâ ist unsere menschliche Erfahrung. Sie wird weder als ein besonders friedlicher noch als ein besonders verstörter Geisteszustand verstanden. Sie ist ein Zustand grundlegender Intelligenz, der offen, neugierig und unvoreingenommen ist. Ob sie nun in der Form von Neugier, Verblüffung, Schock oder Entspannung kommt, ist nicht die Frage. Wir schulen uns, ob man uns unvorbereitet antrifft oder ob wir gerade obenauf sind.

Meditation gibt uns die Möglichkeit, uns in Prajñâ zu schulen, darin, wie man genau hier offen bleibt. Wir schulen uns darin, wie Trungpa Rinpoche sagte, „uns nicht zu scheuen, uns zum Narren zu machen". Wir kultivieren eine simple, unmittelbare Beziehung zu unserem Sein – wir philosophieren, moralisieren oder urteilen nicht. Was immer in unserem Geist auftaucht, wir können damit umgehen.

Es ist, als lägen wir gegen Morgengrauen im Bett und hörten Regen auf dem Dach. Dieses bloße Geräusch kann sehr enttäuschend sein, wenn wir etwa einen Ausflug geplant haben. Es kann aber auch freudig begrüßt werden, weil der Garten so trocken ist. Der flexible Prajñâ-Geist zieht jedoch keine Schlußfolgerungen von Gut oder Schlecht. Er nimmt dieses Geräusch wahr, ohne ihm noch etwas hinzuzufügen, ohne ein Urteil in Richtung traurig oder froh zu fällen.

76

Sich vornehmen, offen zu bleiben

Zu Beginn des Tages sollten Sie sich mit Ihren eigenen Worten vornehmen, den Tag über offen und neugierig zu bleiben, ganz gleich, wie schwierig die Dinge sein mögen. Am Ende des Tages, kurz bevor Sie einschlafen, sollten Sie den Tag noch einmal Revue passieren lassen. Dann fällt Ihnen vielleicht auf, daß der ganze Tag vergangen ist und Sie nicht einmal an das gedacht haben, was Sie sich am Morgen vorgenommen haben. Statt diese Tatsache nun als Anlaß zu nehmen, sich selbst schlecht zu machen, sollten Sie sie lieber als Gelegenheit nutzen, sich selbst besser kennenzulernen. Benutzen Sie sie, um zu erkennen, mit welch komischen

Drehs Sie sich selbst austricksen, um zu sehen, auf welche Weise Sie abschalten und sich verschließen. Wenn es so weit kommt, daß Sie die Bodhichitta-Übungen einfach nicht mehr durchführen wollen, weil Sie das Gefühl haben, damit sowieso immer zu scheitern, dann erzeugen Sie ein mitfühlendes Herz Ihnen selbst gegenüber. Über die Aktivitäten eines einzigen Tages nachzudenken, kann sehr schmerzlich sein, aber am Ende werden Sie sich selbst vielleicht mehr respektieren. Sie werden sehen, daß es im Wetter eines Tages sehr viele Veränderungen gibt. Wir sind niemals nur so oder so. Je weiter wir unser Herz öffnen, desto mehr Herausforderungen werden uns präsentiert.

77

Losung: „Laß alle Hoffnung auf Ergebnisse fahren"

Auf „Ergebnisse" hoffen bedeutet, daß Sie darauf hoffen, sich irgendwann in der Zukunft einmal gut zu fühlen. Eine der tiefgründigsten Lehren des Buddhismus ist, daß die Dinge sich nicht ändern werden, solange Sie noch möchten, daß sie sich ändern. Solange Sie sich wünschen, daß es Ihnen besser geht, wird das nicht passieren. Solange Sie auf die Zukunft ausgerichtet sind, können Sie sich nämlich nicht entspannen und wahrnehmen, was Sie bereits haben oder sind.

Eines der hartnäckigsten Gewohnheitsmuster, in denen wir feststecken, besteht in dem Gefühl, daß der gegenwärtige Augenblick irgendwie nicht gut genug ist. Wir denken oft an die Vergangenheit, in der vielleicht alles besser war als heute – oder auch schlechter. Und natürlich eilen unsere Gedanken ziemlich oft in die Zukunft voraus, immer mit der Hoffnung verbunden, daß dann alles etwas besser sein wird als heute. Selbst wenn im Moment eigentlich alles prima ist, wissen wir im allgemeinen nicht wirklich zu würdigen, wer wir gerade jetzt sind.

So ist es zum Beispiel leicht, daran zu glauben, daß durch die Meditation alles besser werden wird: Wir werden nicht mehr so launisch sein, oder wir werden keine Angst mehr haben, oder die Menschen werden uns lieber haben als heute. Oder vielleicht kommen wir in Kontakt mit der wachen, strahlenden, heiligen Welt, die wir zu finden hoffen. Wir benutzen unsere Praxis dazu, uns einzureden, daß wir nur die richtigen Dinge zu tun brauchen, um mit einer größeren Welt in Kontakt zu kommen, einer weiteren Welt, einer Welt die ganz anders ist als die Welt, in der wir jetzt leben.

Statt auf Ergebnisse zu warten, können wir einfach versuchen, jetzt bei unserem offenen Herzen und offenen Geist zu bleiben. Das hat sehr viel mit dem gegenwärtigen Moment zu tun. Wenn wir diese Art von bedingungsloser Beziehung zu uns selbst herstellen, dann kommen wir allmählich in Kontakt mit der erwachten Qualität, die uns bereits zu eigen ist.

Können Sie eben jetzt eine bedingungslose Beziehung zu sich selbst herstellen? Zu eben der Körpergröße, dem Gewicht, der Intelligenz, die Sie jetzt besitzen – und auch zu der Bürde an Schmerz, die Sie in diesem Augenblick tragen? Ist es Ihnen möglich, ohne jegliche Bedingungen damit umzugehen?

78

Kühle Einsamkeit

Kühle Einsamkeit gibt uns die Gelegenheit, unseren Geist ehrlich und ohne Aggression zu betrachten. Wir lassen allmählich alle unsere Vorstellungen davon fahren, wer wir glauben sein zu müssen, wer wir eigentlich sein wollen und wer wir nach der Meinung anderer sein wollen oder sein müßten. Wir lassen es sein und sehen uns einfach direkt, mitfühlend und humorvoll an, wer wir *sind.* Dann ist Einsamkeit keine Bedrohung und Kummer keine Strafe mehr.

Kühle Einsamkeit liefert uns keine Lösung oder gibt uns Boden unter die Füße. Sie fordert uns heraus, in eine Welt ohne Bezugspunkte einzutreten, ohne daß wir die Dinge polarisieren oder verhärten. Dies nennt man den Mittleren Weg, und der ist wiederum eine Weise, den Pfad des Krieger-Bodhisattvas zu beschreiben.

Wenn Sie am Morgen aufwachen und Sie aus heiterem Himmel der Schmerz der Entfremdung und Vereinsamung überfällt – können Sie das dann als eine goldene Gelegenheit benutzen? Können Sie sich, statt sich selbst Vorwürfe zu machen oder das Gefühl zu haben, daß irgend etwas total schief läuft, genau hier in diesem Moment der Traurigkeit und Sehnsucht entspannen und in Kontakt mit dem grenzenlosen Raum des menschlichen Herzens kommen? Wenn Sie das nächste Mal eine solche Chance erhalten, experimentieren Sie einmal damit.

79

Losung: „Schule dich in den Drei Schwierigkeiten“

Die Drei Schwierigkeiten sind: Die Neurose als Neurose anerkennen, etwas anders zu machen, und sich darum zu bemühen, weiter auf diese Weise zu üben.

Anzuerkennen, daß wir alle durcheinander sind, ist der erste und schwierigste Schritt. Wenn wir nicht zugeben können, daß wir feststecken, ist es unmöglich, uns von der Verwirrung zu befreien. „Etwas anders machen“ kann alles sein, was unsere starke Neigung unterbricht, wegzutreten. Wir können die Geschichte, die wir uns erzählen, fallenlassen und uns mit der zugrunde liegenden Energie verbinden, wir können Tonglen im Augenblick üben, uns an eine Losung erinnern oder ein

Lied anstimmen – alles, was nicht die uns verunstaltenden Gewohnheiten verstärkt. Die dritte schwierige Übung besteht dann darin, uns daran zu erinnern, daß wir die ersten beiden weiterhin praktizieren müssen. Unsere destruktiven Gewohnheiten zu durchbrechen und unser Herz zu erwecken, ist eine lebenslange Arbeit.

Im wesentlichen ist die Übung immer dieselbe: Statt den Kettenreaktionen von Rache oder Selbsthaß anheimzufallen, lernen wir allmählich, der emotionalen Reaktion auf die Schliche zu kommen und die verschiedenen Stories einfach fallenzulassen. Dann fühlen wir unsere körperliche Empfindung ganz und gar. Eine Weise, dies zu tun, besteht darin, in unser Herz zu atmen. Indem wir das Gefühl zur Kenntnis nehmen, die Story, die wir uns dazu erzählen, fallenlassen und die Energie des Augenblicks spüren, kultivieren wir Maitrî und Erbarmen mit uns selbst. In diesem Moment können wir anerkennen, daß es Millionen von Menschen gibt, die sich so fühlen wie wir selbst, und wir können das Gefühl zu unser aller Wohl einatmen und uns dabei wünschen, daß wir alle frei sein mögen von Verblendung und gewohnheitsmäßigen Reaktionen. Wenn wir unsere eigene Verblendung mitfühlend zur Kenntnis nehmen, dann können wir dieses Mitgefühl auf andere ausweiten, die ebenfalls verblendet sind. Die Magie der Bodhichitta-Schulung besteht in diesem Schritt der Ausweitung des Kreises.

80

Kommunikation aus dem Herzen

Wir neigen sehr stark dazu, uns von unserer Erfahrung zu distanzieren, weil sie schmerzlich ist. Doch der Dharma ermutigt uns, näher an diese Erfahrung heranzugehen. Man könnte viele Ausdrücke benutzen, um zu erklären, was mitfühlendes Handeln ist, aber ich möchte hier das Wort *Kommunikation* hervorheben – insbesondere die Kommunikation, die von Herzen kommt.

Alles, was wir tun, sollte in der Absicht getan werden, zu kommunizieren. Dies ist ein praktischer Vorschlag: Alles, was wir tun, sollte in der Absicht getan werden, so zu sprechen, daß eine andere Person uns hören kann. Wir sollten also keine

Worte benutzen, die dazu führen, daß Barrieren errichtet werden und die Ohren sich verschließen. In diesem Prozeß können wir auch lernen, zuzuhören und hinzusehen. Wir können üben, unser Tun, unsere Rede und unsere Gedanken in Übereinstimmung mit diesem Wunsch nach Kommunikation aus dem Herzen zu bringen. Alles, was Sie sagen, kann die Situation noch mehr polarisieren und Ihnen zeigen, wie sehr Sie abgetrennt sind. Andererseits kann alles, was Sie tun, sagen und denken, Ihren Wunsch nach Kommunikation unterstützen. Sie können näher herangehen und aus der Illusion der Isolation und Getrenntheit, die uns alle gefangenhält, heraustreten.

Auf diese Weise die Verantwortung zu übernehmen ist eine andere Möglichkeit, das Erwecken von Bodhichitta anzugehen, denn zum Übernehmen von Verantwortung gehört, daß wir die Dinge sehr klar sehen. Um Verantwortung übernehmen zu können, brauchen wir auch die Freundlichkeit, die mit einer nicht urteilenden Haltung einhergeht, mit der wir uns selbst sanft und ehrlich betrachten. Dazu gehört auch die Fähigkeit, immer weiter voranzugehen. Sie können einfach immer noch einen weiteren Schritt machen. Sie müssen sich nicht auf die Identität eines Gewinners oder Verlierers versteifen, auf die der Mißbrauchten oder der Mißbrauchenden, auf die des Guten oder des Bösen. Sie nehmen das, was Sie tun, einfach so klar und mitfühlend, wie es Ihnen möglich ist, zur Kenntnis – und dann gehen Sie weiter. Der nächste Augenblick ist immer wieder frisch und offen.

81

Die große Zwickmühle

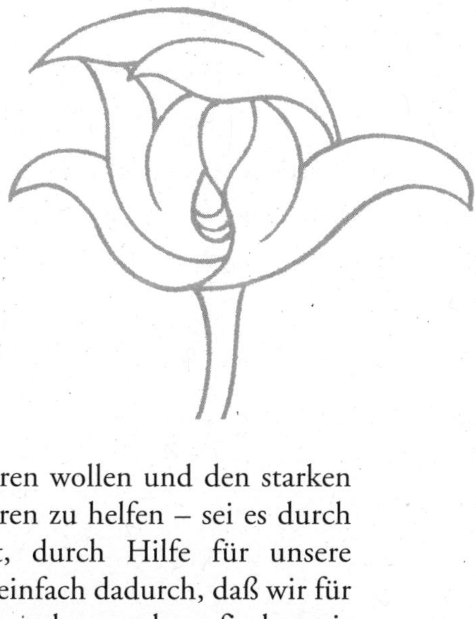

Wenn wir kommunizieren wollen und den starken Wunsch haben, anderen zu helfen – sei es durch soziales Engagement, durch Hilfe für unsere Familie oder Gemeinschaft, oder einfach dadurch, daß wir für andere da sind, wenn sie Hilfe brauchen –, dann finden wir uns früher oder später in einer großen Zwickmühle. Unsere Ideale und die Realität dessen, was abläuft, kommen irgendwie nicht zusammen. Wir haben das Gefühl, uns im Griff eines Riesen zu befinden, der uns zwischen seinen Fingern zu zerquetschen droht. Wir finden uns zwischen Skylla und Charybdis.

Es besteht oft eine Diskrepanz zwischen unseren Idealen und dem, was uns tatsächlich passiert. Bei der Kindererziehung mögen wir zum Beispiel voller guter Ideen sein, aber manchmal ist es eine ziemliche Herausforderung, diese guten Ideen mit dem zusammenzubringen, was unsere Kinder uns präsentieren, wenn sie am Frühstückstisch mit dem Essen herummantschen. Oder bei der Meditation ist Ihnen vielleicht aufgefallen, wie schwierig es ist, Gefühle zu erfahren, ohne völlig von ihnen mitgerissen zu werden, oder was es für Mühe macht, Freundlichkeit uns selbst gegenüber zu kultivieren, wenn wir uns miserabel oder panisch oder festgefahren fühlen.

Es besteht eine Diskrepanz zwischen unserer Inspiration und der Situation, in der wir uns finden. Die Spannung zwischen diesen beiden Dingen – die Zwickmühle zwischen Realität und Vision –, läßt uns erwachsen werden. So wachen wir auf, um zu 100 Prozent authentisch, lebendig und mitfühlend sein zu können. Die große Zwickmühle ist einer der produktivsten Orte auf dem spirituellen Pfad und ganz besonders auf der Reise des Erweckens des Herzens.

82

Neugier und der Kreis des Erbarmens

Die Neigung, uns auf ein inneres Zentrum zurückzuziehen und zu versuchen, uns zu schützen, ist stark und allgegenwärtig. Eine einfache Methode, diese Tendenz umzukehren, besteht darin, Neugier und Wissensdurst hinsichtlich aller Dinge zu entwickeln. Das ist gleichbedeutend mit Hilfsbereitschaft anderen gegenüber, aber natürlich heilt dieser Prozeß auch uns selbst. Wir arbeiten an uns selbst, um anderen helfen zu können, aber wir helfen auch anderen, um damit an uns selbst zu arbeiten. Auf dem ganzen Pfad scheint es darum zu gehen, daß wir Neugier entwickeln, daß wir uns umsehen und Interesse an allen Details unseres Lebens und unserer Umgebung entwickeln. Wenn wir uns in einer Situation finden, in der jemand unsere Knöpfe drückt, dann können wir uns entschließen, zu verdrängen oder auszuleben – oder wir können uns dafür entscheiden zu praktizieren. Wenn es uns möglich ist, mit der Übung von Tonglen im Augenblick zu beginnen, und wir mit der Absicht einatmen, unser Herz der Beschämung oder Furcht oder Angst, die wir fühlen, nicht zu verschließen, dann entdecken wir zu unserer Überraschung, daß wir auch für die Gefühle der anderen Menschen offen sind. Ein offenes Herz ist ein offenes Herz. Sobald Ihr Herz einmal offen ist, sind auch Ihre Augen und Ihr Geist offen. Dann können Sie sehen, was in den Gesichtern und Herzen anderer Menschen geschieht. Wenn Sie eine Straße entlanggehen und sehen, wie ganz weit vor Ihnen – so weit entfernt, daß Sie nichts tun können, um es zu verhindern – ein Mann seinen Hund schlägt, dann können Sie Tonglen für den Hund und für den Mann praktizieren. Gleichzeitig tun Sie es für Ihren eigenen Schmerz, für alle Tiere und Menschen, die anderen Gewalt antun oder die selbst mißbraucht werden, sowie für Menschen wie Sie selbst, die zusehen und nicht wissen, was sie tun sollen. Und durch diesen einfachen Austausch haben sie die Welt bereits zu einem weiteren und liebevolleren Ort gemacht.

83

Die Praxis des Tonglen erweitern

Bei der Übung des Erweckens unseres Herzens weitet sich der Kreis des Erbarmens in seinem eigenen Tempo und spontan weiter aus. Das ist nicht etwas, das man herbeiführen könnte. Und es ist ganz gewiß auch nichts, was man vortäuschen könnte. Aber Sie können sich selbst dazu anhalten, wenigstens gelegentlich mit dem „so tun, als ob" zu experimentieren, um herauszufinden, was geschieht, wenn Sie Tonglen für Ihren Feind üben. Versuchen Sie es, wenn Ihr Feind vor Ihnen steht, oder rufen Sie absichtlich die Erinnerung an Ihren Feind wach, um Tonglen üben zu können. Denken Sie an diese einfache Anleitung: Was wäre nötig zu tun, damit mein Feind hören kann, was ich zu sagen versuche, und was müßte geschehen, damit ich hören kann, was sie oder er zu sagen versucht? Die Essenz des Tonglen ist eine von Herzen kommende Kommunikation.

Tonglen für alle fühlenden Wesen zu praktizieren muß nicht von Ihrer Übung für Sie selbst und für Ihre unmittelbare Situation getrennt sein. Das ist ein Punkt, den wir uns immer wieder in Erinnerung rufen müssen. Wenn Sie Ihr eigenes Leiden empfinden, dann denken Sie einfach daran, daß zahllose Wesen genau in diesem Augenblick genau dasselbe fühlen wie Sie selbst. Die dazu erzählten Geschichten sind verschieden, aber das Gefühl des Schmerzes ist dasselbe. Wenn Sie gleichzeitig für alle fühlenden Wesen und für sich selbst praktizieren, dann beginnen Sie zu erkennen, daß Ich und andere tatsächlich nicht verschieden sind.

84

Losung: „Sei dankbar gegenüber jedermann“

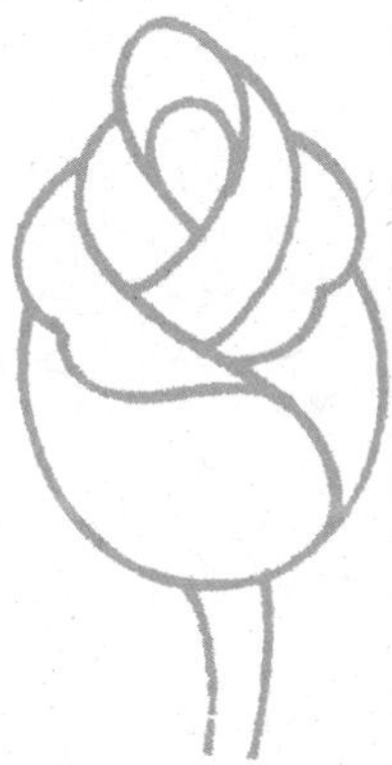

Bei „Sei dankbar gegenüber jedermann“ geht es darum, mit den Aspekten von uns selbst, die wir abgelehnt haben, Frieden zu schließen. Indem wir das tun, schließen wir ebenfalls mit den Menschen, die wir nicht mögen, Frieden. Um es noch mehr auf den Punkt zu bringen: Mit Menschen zusammenzutreffen, die wir nicht mögen, kann uns dazu bewegen, mit uns selbst Freundschaft zu schließen.

Würden wir eine Liste der Menschen machen, die wir nicht leiden können – Menschen, die wir ätzend, bedrohlich oder verachtenswert finden –, dann würden wir viel über die Aspekte von uns selbst lernen, mit denen wir nicht umgehen können. Würden wir jeden der Störenfriede in unserem Leben mit einem einzigen Wort charakterisieren, dann erhielten wir eine Liste von Beschreibungen unserer eigenen abgelehnten Eigenschaften. Wir projizieren diese auf die äußere Welt. Die Menschen, die wir verabscheuen, zeigen uns, ohne dies zu beabsichtigen, Aspekte unserer selbst, die wir ansonsten nicht wahrnehmen würden. Die traditionellen Lojong-Lehren formulieren das etwas anders: Andere Menschen sprechen das Karma an, das wir noch nicht aufgearbeitet haben. Sie sind ein Spiegel für uns und geben uns die Gelegenheit, mit dem ganzen alten Kram, den wir wie einen Rucksack voller Granitbrocken mit uns herumschleppen, Freundschaft zu schließen.

„Sei dankbar gegenüber jedermann" sagt mit anderen Worten, daß wir aus jeder Situation lernen können, vor allem, wenn wir diese Losungen mit Achtsamkeit praktizieren. Die Menschen und Situationen in unserem Leben können uns lehren, der Neurose als Neurose auf die Schliche zu kommen. Wir erkennen, wann wir den Vorhang zugezogen, die Tür verschlossen und uns unter der Bettdecke verkrochen haben.

85

Hindernisse als Fragen

Hindernisse treten auf der äußeren wie auf der inneren Ebene auf. Auf der äußeren Ebene haben wir das Gefühl, daß irgend jemand oder irgend etwas uns etwas angetan und damit den Frieden gestört hat, den wir zu besitzen glaubten. Irgend ein Schuft hat das alles ruiniert. Diese besondere Art von Hindernissen tritt in Beziehungen und in vielen anderen Situationen auf. Wir fühlen uns enttäuscht, verletzt, verwirrt und auf alle möglichen Weisen angegriffen. Das haben Menschen schon von jeher so empfunden.

Was die innere Ebene der Hindernisse angeht, so kann uns wahrscheinlich nichts anderes so sehr schaden wie unsere eigene Verblendung. Vielleicht gibt es gar kein konkretes Hindernis außer unserem Bedürfnis, uns vor jeglicher Berührung zu schützen. Vielleicht besteht der einzige Feind darin, daß wir die Realität, so wie sie *eben jetzt* ist, nicht mögen und deshalb wünschen, sie möge baldmöglichst verschwinden. Aber als Meditierende finden wir heraus, daß nichts jemals verschwindet, ohne uns die Lektion gelehrt zu haben, derer wir bedürfen. Selbst wenn wir mit 150 Stundenkilometern nach Hinterindien davonrennen, finden wir, wenn wir dort ankommen, doch dasselbe Problem vor. Es kommt unter neuem Namen, neuer Gestalt, neuer Erscheinungsform zurück, bis wir gelernt haben, was es uns zu lehren hat: Wo trennen wir uns von der Realität ab? Wann ziehen wir uns zurück, statt uns zu öffnen? Wie verschließen wir uns, statt uns zu gestatten, alles, dem wir begegnen, ganz und gar zu erfahren?

86

Sechs Weisen, einsam zu sein

Gewöhnlich betrachten wir Einsamkeit als einen Feind. Sie ist ruhelos und angefüllt mit dem fiebernden Verlangen, zu entkommen und etwas oder jemanden zu finden, das oder der uns Gesellschaft leistet. Wenn wir jedoch mitten in der Einsamkeit verweilen können, dann erscheint sie uns auf einmal nicht mehr bedrohlich. Sie wird zu einer kühlen Einsamkeit, die unsere gewohnten angstvollen Verhaltensmuster auf den Kopf stellt. Es gibt sechs Weisen, diese Art von kühler Einsamkeit zu beschreiben.

1. *Weniger Gier* ist die Bereitschaft, in der Einsamkeit zu verweilen, ohne nach einer Lösung zu suchen, obwohl alles in uns sich nach einer Veränderung der Stimmung sehnt.
2. *Zufriedenheit* bedeutet, daß wir nicht mehr daran glauben, daß eine Flucht aus unserer Einsamkeit uns Glück oder Mut oder Stärke bescheren wird.
3. *Unnötige Aktivitäten* vermeiden bedeutet, daß wir aufhören, nach etwas zu suchen, das uns unterhalten oder retten könnte.
4. *Vollkommene Disziplin* bedeutet, daß wir bei jeder Gelegenheit bereit sind, mit mitfühlender Aufmerksamkeit zum gegenwärtigen Augenblick zurückzukehren.
5. *Nicht in der Welt der Begierde wandern* heißt, daß wir direkt mit den Dingen, so wie sie sind, umgehen, ohne zu versuchen, sie in Ordnung zu bringen.
6. *Keine Bestätigung durch das eigene diskursive Denken suchen* bedeutet, daß wir nicht mehr die Gesellschaft des ständigen Selbstgesprächs suchen.

87

Gut durchgearbeitet

Wenn wir begriffen haben, welche Macht, uns an der Nase herumzuführen, unsere Gefühle haben, können wir herausfinden, auf welche Weise wir unseren eigenen Schmerz vergrößern, wie wir unsere Verblendung vertiefen und uns selbst schaden. Da wir jedoch Grundlegendes Gutsein, Grundlegende Weisheit und Grundlegende Intelligenz besitzen, können wir damit aufhören, uns selbst und anderen zu schaden.

Aufgrund von Achtsamkeit sehen wir die Dinge schon, wenn sie entstehen. Aufgrund unseres Verständnisses lassen wir uns nicht auf die Kettenreaktion ein, welche aus einer Mücke einen Elefanten macht – wir belassen sie als Mücke. Die Dinge schaukeln sich nicht zum Dritten Weltkrieg oder zu Gewalt in der Familie hoch. Das alles entsteht aus dem Vermögen, einen Moment innezuhalten, statt immer und immer wieder impulsiv dasselbe zu tun. Einfach nur innezuhalten, statt den Raum sofort auszufüllen, transformiert uns bereits. Durch das Abwarten kommen wir langsam in Kontakt mit grundlegender Ruhelosigkeit und grundlegender Geräumigkeit.

Das Ergebnis davon ist, daß wir aufhören, uns selbst und anderen zu schaden. Wir lernen uns selbst gründlich kennen und beginnen, uns und andere zu respektieren. Alles Mögliche kann passieren, alles Mögliche kann uns ins Haus kommen. Wir können einen Dinosaurier auf unserer Wohnzimmercouch antreffen und drehen trotzdem nicht durch. Dadurch, daß wir uns mit ehrlicher und mitfühlender Achtsamkeit selbst kennengelernt haben, sind wir gründlich durchgearbeitet.

88

Verbindlichkeit

Kürzlich habe ich ein Wochenendseminar in einer Art spirituellem Einkaufszentrum gegeben. Mein Workshop war eine von insgesamt siebzig Veranstaltungen, die hier stattfanden. Wenn die Leute sich auf dem Parkplatz oder beim Mittagessen trafen, fragten sie sich gegenseitig: „He, welchen Kurs machst du dieses Wochenende?“ Ich hatte so etwas schon lange nicht mehr erlebt.

Auch ich habe auf der Suche nach meinem Pfad einmal solche Einkaufsbummel auf dem spirituellen Supermarkt gemacht. Erst als ich meinen Lehrer Chögyam Trungpa sagen hörte, daß dieses ständige Herumprobieren ein Versuch ist,

Sicherheit zu finden und sich mit sich selbst ständig wohl zu fühlen, hörte ich damit auf. Man kann den Dharma von vielen verschiedenen Standpunkten her vernehmen, aber die ganze Angelegenheit bleibt ziemlich unverbindlich, bis man auf einen bestimmten Weg stößt, der sich innerlich richtig anfühlt und für den man sich entscheidet. Damit wir tiefer vordringen können, brauchen wir aufrichtige Verbindlichkeit. Wir begeben uns auf die Reise des Kriegers, wenn wir uns für einen Pfad entscheiden und dabei bleiben. Dann lassen Sie sich davon durch viele Veränderungen führen. Ohne diese Verbindlichkeit würden Sie in dem Moment, wo es beginnt, wirklich weh zu tun, aufgeben oder sich nach etwas anderem umsehen.

Die Frage bleibt immer bestehen: Wofür haben wir uns entschieden? Wollen wir auf Nummer sicher gehen und unser Leben und den Rest der Welt manipulieren, damit sie uns bestätigen und in Sicherheit wiegen? Oder haben wir uns der Erforschung immer tieferer Ebenen des Loslassens verschrieben? Ziehen wir uns auf Kleingeistigkeit im Handeln, in der Rede und im Geist zurück? Oder nehmen wir Zuflucht zur Kriegerschaft – wagen wir den Sprung über unsere gewohnten Sicherheitszonen hinaus?

89

Drei Methoden zur Arbeit mit dem Chaos

Es gibt drei sehr praktische Methoden, den Umgang mit Schwierigkeiten zum Pfad des Erwachens und der Freude zu machen: aufhören zu kämpfen, Gift als Medizin und alles, was entsteht, als eine Manifestation der Weisheit betrachten.

Die Meditation ist *das* Beispiel für die erste Methode. Was auch immer in unserem Geist aufsteigt, wir sehen es direkt an, nennen es „Denken“ und kehren dann zur Einfachheit und Unmittelbarkeit des Atems zurück. Stoßen wir in unserem Leben auf Schwierigkeiten, dann können wir uns auf diese Weise immer weiter schulen. Wir können unsere Story fallenlassen, können unser Tempo gerade so weit verlangsamen, daß wir in der Gegenwart bleiben, können die ganze Palette von Urteilen und Plänen fallenlassen und können einfach aufhören zu kämpfen.

Zweitens können wir Gift als Treibstoff für das Erwachen benutzen. Diese Idee wird uns im allgemeinen durch die Praxis des Tonglen nahegebracht. Statt schwierige Situationen wegzudrängen, können wir sie benutzen, um uns mit anderen Menschen zu verbinden, die oft ebenso viel Schmerz erfahren wie wir selbst. Ein Slogan formuliert es folgendermaßen: „Wenn die Welt voll ist des Üblen, transformiere alles Mißgeschick in den Pfad des Erwachens."

Die dritte Methode zur Arbeit mit dem Chaos besteht darin, alles, was sich zeigt, als Manifestation erleuchteter Energie zu verstehen. Wir können uns selbst als schon immer erwacht verstehen; wir können unsere Welt als schon immer heilig verstehen. Diese Sicht verstärkt noch unsere Einstellung, alles in unserem Leben als Grundlage für das Erlangen der Erleuchtung benutzen zu können.

Die Welt, in der wir uns finden, die Person, die wir zu sein glauben – das sind unsere Arbeitsgrundlagen. Dieser Leichenacker namens Leben ist die Manifestation von Weisheit. Diese Weisheit ist die Basis der Freiheit und auch die Basis der Verblendung. In jedem Moment können wir uns entscheiden: In welche Richtung will ich gehen? Wie gehe ich mit dem Rohmaterial meiner Existenz um?

90

Gleichmut im Augenblick

Eine Übung von Gleichmut im Augenblick besteht darin, daß wir die Straße mit der Absicht entlanggehen, jedem, der uns begegnet, soviel Aufmerksamkeit wie möglich entgegenzubringen. Dadurch schulen wir uns darin, zu uns selbst emotional ehrlich und für andere offener zu sein. Wenn wir an Menschen vorbeigehen, können wir beobachten, ob wir uns öffnen oder uns verschließen. Wir nehmen einfach zur Kenntnis, ob wir Zuneigung, Gleichgültigkeit oder Ablehnung empfinden, ohne noch etwas Zusätzliches wie Selbstbeurteilung hinzuzufügen. Wir könnten zum Beispiel Mitleid mit jemandem empfinden, der niedergeschlagen aussieht, oder uns aufgemuntert fühlen durch jemanden, der in sich selbst hineinlächelt. Vor einer anderen Person fürchten wir uns vielleicht und verspüren Abneigung gegen sie, ohne daß wir wissen, warum. Zur Kenntnis nehmen, wo wir uns verschließen und wo wir uns öffnen – ohne Lob und Tadel –, das ist die Grundlage unserer Praxis. Dies auf der Straße auch nur für die Distanz eines Häuserblocks zu üben, kann uns die Augen für viele Dinge öffnen.

Wir können bei der Übung noch einen Schritt weiter gehen und das, was auftaucht, zur Grundlage von Mitgefühl und Verständnis machen. Verengte Gefühle wie Furcht oder Abscheu werden dann zu einer Gelegenheit, uns daran zu erinnern, daß andere in derselben Falle stecken. Offene Zustände wie Freundlichkeit und Freude können uns ganz direkt sogar mit den Menschen verbinden, an denen wir auf der Straße vorbeigehen. So oder so weiten wir unser Herz.

91

Die Wahrheit ist unbequem

Der Unterschied zwischen Theismus und Nichttheismus ist nicht, ob man an Gott glaubt oder nicht. Es ist eine Sache, die jeden Menschen angeht, Nichtbuddhisten ebenso wie Buddhisten. Theismus ist die tiefsitzende Überzeugung, daß es da irgendwo eine Hand gibt, an der wir uns festhalten können. Wenn wir nur die richtigen Dinge tun, wird jemand das zu schätzen wissen und sich um uns kümmern. Wir gehen davon aus, daß immer ein Babysitter für uns da sein wird, wenn wir einen brauchen. Wir neigen alle dazu, unsere Verantwortungen zu leugnen und unsere Autorität an etwas zu delegieren, das außerhalb von uns selbst liegt.

Nichttheismus heiß, daß wir uns mit der Zweideutigkeit und Ungewißheit des gegenwärtigen Augenblicks anfreunden, ohne nach irgend etwas zu greifen, das uns schützen könnte. Wir denken manchmal, die buddhistischen Lehren seien etwas außerhalb von uns selbst – etwas, an das man glauben kann, etwas, das man sich zum Vorbild nehmen kann. Der Dharma ist jedoch kein Glaube, kein Dogma. Er ist die totale Würdigung der Vergänglichkeit und des Wandels. Die Lehren rinnen uns wie Sand durch die Finger, wenn wir sie festzuhalten versuchen. Wir müssen sie ohne jegliche Hoffnung erfahren. Viele tapfere und barmherzige Menschen haben sie erfahren und sie gelehrt. Die Botschaft ist Furchtlosigkeit; der Dharma war nie als ein Glaube gedacht, dem wir blind folgen. Der Dharma gibt uns nichts, woran wir uns festhalten können.

Nichttheismus besteht letztlich darin, zu erkennen, daß es keinen Babysitter gibt, auf den wir zählen können. Wenn wir gerade einen guten gefunden haben, ist er oder sie schon wieder verschwunden. Nichttheismus heißt zu erkennen, daß nicht nur Babysitter kommen und gehen. Das ganze Leben ist so. Dies ist die Wahrheit, und die Wahrheit ist unbequem.

92

Im furchtlosen Zustand verweilen

An einem Ort namens Geiergipfel-Berg präsentierte der Buddha einst einige revolutionäre Lehren über die weit offene, bodenlose Dimension unseres Seins, die in der Tradition Shûnyatâ, bedingungsloses Bodhichitta oder Prajñâpâramitâ genannt wird.

Viele seiner Schüler dort auf dem Geiergipfel-Berg hatten bereits eine tiefe Verwirklichung der Vergänglichkeit und Ichlosigkeit erlangt, der Wahrheit, daß nichts – wir selbst eingeschlossen – fest und vorhersagbar ist. Sie wußten um das Leiden, das aus Ergreifen und Festhalten entsteht. Sie hatten dies vom Buddha selbst gelernt und hatten die Tiefe dieser

Lehren in der Meditation erfahren. Doch der Buddha wußte, daß unsere Neigung, festen Boden zu suchen, sehr tief verwurzelt ist. Das Ego kann alles dazu benutzen, die Illusion der Sicherheit aufrechtzuerhalten, auch den Glauben an die Substanzlosigkeit und den Wandel.

Darum tat der Buddha etwas Schockierendes. Mit den Lehren über die Leere zog er seinen Schülern total den Teppich unter den Füßen weg und führte sie tiefer in die Bodenlosigkeit ein. Er sagte seinen Zuhörern, sie müßten alles loslassen, woran sie glaubten, denn es sei eine Falle, sich bei irgendeiner Beschreibung der Wirklichkeit aufzuhalten. Die Hauptbotschaft Buddhas an diesem Tag war, daß das Festhalten an *irgend etwas* die Weisheit blockiere. *Jede* Schlußfolgerung, zu der wir kommen, müssen wir fahren lassen. Der einzige Weg, die Lehren völlig zu begreifen, der einzige Weg, sie ganz und gar zu praktizieren, besteht darin, in der unbedingten Offenheit zu wohnen und geduldig all unsere Neigungen zum Anhaften durchzuschneiden.

Diese Darlegung – die als das „Herz-Sûtra" bekannt wurde – ist eine Unterweisung in Furchtlosigkeit. In dem Ausmaß, in dem wir aufhören, gegen Ungesichertheit und Ungewißheit anzukämpfen, in dem Maße löst sich unsere Furcht auf. Totale Furchtlosigkeit ist volle Erleuchtung – eine rückhaltlose, vollkommen offene Wechselbeziehung mit der Welt. Bis wir so weit sind, schulen wir uns geduldig, in diese Richtung zu gehen. Indem wir lernen, uns mit der Bodenlosigkeit anzufreunden, verbinden wir uns Schritt für Schritt mit dem Geist, der keine Furcht kennt.

93

Das essentielle Paradox

Im „Herz-Sûtra“ fragt einer der Hauptschüler Buddhas, ein Mönch namens Shâriputra, Avalokiteshvara, den Bodhisattva des Erbarmens: „Wie kann ich die Prajñâpâramitâ in allem, was ich sage, in allen Taten und Gedanken meines Lebens anwenden? Was ist der Schlüssel zur Schulung in dieser Praxis? Welchen Standpunkt muß ich einnehmen?“

Avalokiteshvara antwortete mit dem berühmtesten aller buddhistischen Paradoxe: „Form ist Leere, und Leere ist auch Form. Leere ist nichts anderes als Form, und Form ist nichts anderes als Leere.“ Seine Erklärung ist, ebenso wie die Prajñâpâramitâ selbst, unaussprechbar, unbeschreiblich, unvorstellbar. Form ist das, was einfach *ist,* bevor wir unsere Anschauungen darauf projizieren. Die Prajñâpâramitâ stellt eine völlig neue Auffassung dar, einen entfesselten Geist, in dem alles möglich ist.

„Form ist Leere" bezieht sich auf unsere einfache, direkte Beziehung zur Unmittelbarkeit der Erfahrung. Zuerst wischen wir alle Voreingenommenheit beiseite, und dann müssen wir auch noch unseren Glauben fahren lassen, daß wir die Dinge ohne Voreingenommenheit ansehen sollten. Wenn wir uns auf diese Weise auch weiterhin selbst den Teppich unter den Füßen wegziehen, dann begreifen wir die Vollkommenheit der Dinge, so wie sie sind.

Aber „Leere ist auch Form" dreht den Spieß um. Die Leere manifestiert sich andauernd als Krieg und Frieden, als Kummer, Geburt, Alter, Krankheit und Tod sowie als Freude. Die Herausforderung besteht darin, mit der im Herzen vibrierenden Qualität des Lebendigseins in Kontakt zu bleiben. Aus diesem Grunde schulen wir uns mit den Übungen des Relativen Bodhichittas, mit den Vier Grenzenlosen und mit Tonglen. Sie verhelfen uns dazu, uns mit offenem und ungetrübtem Geist ganz und gar auf die Lebhaftigkeit des Lebens einzulassen. Die Dinge sind genau so gut und so schlecht, wie sie scheinen. Es ist nicht nötig, noch etwas Zusätzliches hinzuzufügen.

94

Nichts, woran man sich festhalten könnte

Die Unterweisungen zur Achtsamkeit sagen alle dasselbe: Wenn wir völlig im Augenblick sind, nagelt uns das fest. Wir bleiben genau auf den Punkt in Zeit und Raum festgenagelt, an dem wir uns befinden. Wenn wir dort innehalten und nicht ausleben oder verdrängen, wenn wir niemand anderem und auch nicht uns selbst Vorwürfe machen, dann begegnen wir einer immer offenen Frage ohne begriffliche Antwort. Wir begegnen auch uns selbst.

Der Trick besteht darin, weiter zu forschen und nicht das Weite zu suchen, selbst wenn wir finden, daß manche Dinge nicht so sind, wie wir es uns vorgestellt haben. Das ist übrigens etwas, das wir immer und immer und immer wieder entdecken werden. *Nichts* ist so, wie wir es uns vorgestellt haben. Ich kann das mit voller Überzeugung sagen. Die Leere ist nicht, was wir dachten. Achtsamkeit und Furcht sind nicht, was wir dachten. Erbarmen – nicht, was wir dachten. Liebe, Buddha-Natur, Mut – das sind alles nur Chiffren für Dinge, die wir mit unserem Verstand nicht erkennen, die aber jeder von uns *erfahren* kann. Es sind Wörter, die auf das hinweisen, was das Leben wirklich ist, wenn wir alles zusammenbrechen lassen und selbst im gegenwärtigen Augenblick festgenagelt bleiben.

Beim Pfad des Krieger-Bodhisattvas geht es nicht darum, in den Himmel zu kommen oder an irgendeinen Ort, an dem es wirklich gemütlich ist. Daß wir ständig nach einem Ort suchen, an dem alles in Ordnung ist, ist ja gerade das, was uns weiter unglücklich sein läßt. Wir verbleiben gerade deshalb im Samsâra, weil wir stets versuchen, Lust zu gewinnen und Schmerz zu meiden. Solange wir noch glauben, daß es etwas gibt, das unseren Hunger nach Sicherheit dauerhaft befriedigen wird, ist Leiden unvermeidbar. Die Wahrheit ist, daß die Dinge sich ständig wandeln. „Nichts, woran man sich festhalten könnte", ist die Wurzel des Glücks. Wenn wir uns gestatten, hier zu verweilen, dann finden wir, daß dies ein zarter, gewaltloser, nach allen Seiten offener Zustand ist. Hier findet sich der Pfad der Furchtlosigkeit.

95

Losung: „Führe sämtlichen Tadel in einen zusammen“

Führe sämtlichen Tadel in einen zusammen“ besagt, daß wir uns das Gefühl des Schuldigseins aneignen sollten, statt immer anderen die Schuld zu geben. Wir sollten uns den Zorn und die Einsamkeit aneignen und Freundschaft mit ihnen schließen. Benutzen Sie die Tonglen-Übung dazu, herauszufinden, wie Sie den Zorn oder die Angst oder die Einsamkeit in eine Wiege der Liebenden Güte legen können. Benutzen Sie Tonglen dazu, zu lernen, wie Sie freundlich mit all diesen Dingen umgehen können. Um zu sich selbst freundlich sein und eine Atmosphäre des Mitgefühls erzeugen zu können, müssen Sie unbedingt aufhören, Selbstgespräche darüber zu führen, wie schlecht doch alles ist – oder meinetwegen auch wie gut.

Ich fordere Sie auf, einmal das folgende Experiment zu machen: Lassen Sie das Objekt Ihrer Emotion fallen, praktizieren Sie Tonglen, und sehen Sie, ob die Intensität des sogenannten Giftes sich tatsächlich verringert. Ich habe selbst damit experimentiert, und weil meine Zweifel so stark waren, schien es mir für eine Weile so, als funktioniere die Sache nicht. Aber als mein Zutrauen langsam zunahm, fand ich heraus, daß die Intensität des Gefühls in der Tat nachläßt und es nicht mehr so lange anhält. Das geschieht, weil das Ego allmählich durchlüftet wird. Ein jeder von uns ist hauptsächlich nach dem ICH süchtig. Dieses fette, solide ICH wird allmählich durchlässig, wenn wir gegen seinen Strich bürsten und bei unseren Gefühlen bleiben, statt jemand anderen verantwortlich zu machen.

Der „eine" in „Führe sämtlichen Tadel in einen zusammen" ist unsere Neigung, uns selbst zu schützen: das Festhalten am Ich. Wenn wir alle Schuld auf diese Neigung abladen, indem wir bei unseren Gefühlen bleiben und sie ganz und gar empfinden, dann wird das durchgehende monolithische Ich auf einmal poröser. Es ist nämlich aus unseren Meinungen, unseren Launen und ziemlich viel kaum greifbarem – wenn auch ziemlich lebhaftem und überzeugendem – Stoff gemacht.

96

Genau dieser Augenblick ist der perfekte Lehrmeister

Wenn wir allmählich offener werden, dann denken wir vielleicht, daß es schon größerer Katastrophen bedarf, um uns noch dazu zu bringen, uns auf die altgewohnte Weise aus der Affäre zu ziehen. Das Interessante ist, daß es jedoch die großen Hämmer sind, die uns augenblicklich aufwecken, während die kleinen Dinge uns kalt erwischen. Ganz gleich, welche Größe, Farbe oder Form eine Katastrophe hat, es geht darum, sich auf das Unangenehme des Lebens einzulassen und es klar zu sehen, statt zu versuchen, uns dagegen abzuschotten.

Bei der Übung der Meditation versuchen wir nicht, irgendeinem Ideal zu entsprechen – ganz im Gegenteil. Wir bleiben einfach bei unserer Erfahrung, was immer es auch sein mag. Wenn unsere Erfahrung die ist, daß wir manchmal eine gewisse Perspektive haben und manchmal nicht, dann ist das eben unsere Erfahrung. Wenn wir manchmal an die Orte gehen können, die wir fürchten, und es uns manchmal einfach unmöglich ist, dann ist das eben unsere Erfahrung. „Genau dieser Augenblick ist der perfekte Lehrmeister", das ist in der Tat eine äußerst tiefgründige Unterweisung. Einfach sehen, was los ist – das ist die Lehre genau vor unserer Nase. Wir können bei dem bleiben, was geschieht, und müssen uns nicht abspalten. Wachheit findet sich in unserer Lust und in unserem Leid, in unserer Verblendung und in unserer Weisheit. Sie ist in jedem Augenblick unseres verrückten, unergründlichen und ganz gewöhnlichen Alltagslebens zugänglich.

97

Die losen Enden aufnehmen

Wir können alle unerledigten karmischen Angelegenheiten direkt in die Tonglen-Praxis einbringen. Ja, Sie sollten sie geradezu zu sich einladen. Nehmen wir an, Sie befinden sich in einer schrecklichen Beziehung: Jedes Mal, wenn Sie an eine bestimmte Person denken, werden Sie wütend. Das ist für das Tonglen ausgesprochen nützlich. Oder vielleicht fühlen Sie sich deprimiert. Mehr ist Ihnen nicht eingefallen, als es morgens ans Aufstehen ging. Sie sind so deprimiert, daß Sie am liebsten für den Rest Ihres Lebens im Bett bleiben würden. Sie haben sogar schon daran gedacht, sich *unter* Ihrem Bett zu verstecken. Das ist für die Tonglen-Praxis sehr nützlich. Die spezielle Fixierung, mit der Sie arbeiten, sollte echt sein, wie das hier der Fall ist.

Vielleicht üben Sie formell Tonglen oder trinken auch nur gerade eine Tasse Kaffee – und da taucht das Objekt Ihrer Wut auf. Sie atmen das ein. Der Gedanke dahinter ist, daß Sie Sympathie für Ihre eigene Verblendung entwickeln. Die Technik besteht darin, daß Sie dem Objekt keine Vorwürfe machen; Sie machen auch sich selbst keine Vorwürfe. Statt dessen gibt es nur befreite Wut – heiß, dunkel und schwer. Erfahren Sie diese so gründlich wir möglich.

Atmen Sie den Zorn ein, entfernen Sie das Objekt, hören Sie auf, über ihn oder sie nachzudenken. Er war im Grunde nur ein nützlicher Katalysator. Jetzt haben Sie sich Ihren Zorn voll und ganz angeeignet. Sie führen sämtlichen Tadel in sich selbst zusammen. Das braucht viel Unerschrockenheit, und es ist äußerst beleidigend für das Ego. Dies zerstört in der Tat den gesamten Mechanismus des Egos. Genau so atmen Sie ein.

Dann atmen Sie Sympathie, Entspannung und Geräumigkeit aus. Statt in der engen, dunklen Situation steckenzubleiben, geben Sie diesen Gefühlen sehr viel Raum. Das Ausatmen ist, als öffneten Sie Ihre Arme und ließen los. Da ist frische Luft: Dann atmen Sie die Wut erneut ein, ihre dunkle, schwere Hitze. Jetzt atmen Sie wieder aus und durchlüften die ganze Angelegenheit – Sie lassen mehr Geräumigkeit zu.

98

Die Vier Methoden des Sitzenbleibens

Wenn unsere Absicht zwar aufrichtig ist, der Weg aber steinig wird, können die meisten von uns etwas Hilfe gebrauchen. Wir können gut und gern etwas grundlegende Unterweisung darin gebrauchen, wie wir unsere tiefverwurzelten Gewohnheiten des Zuschlagens und Anklagens auflockern und umdrehen können.

Die Vier Methoden des Sitzenbleibens sind solche Hilfsmittel. Sie helfen uns, geduldig offen für das zu bleiben, was geschieht, anstatt auf Autopilot umzuschalten. Diese vier Methoden sind:

1. *Kein Ziel für den Pfeil aufstellen.* Sie haben die Wahl: Sie können Ihre alten Gewohnheiten verstärken, indem Sie mit Zorn auf die unangenehme Situation regieren, oder Sie können sie schwächen, indem Sie sitzenbleiben.
2. *Kontakt zum Herzen aufnehmen.* Sitzen Sie mit der Intensität des Zorns und lassen Sie zu, daß seine Energie Sie demütiger und mitfühlender macht.
3. *Hindernisse als Lehrer ansehen.* Erinnern Sie sich genau an dem Punkt, an dem Ihnen die Hutschnur zu platzen droht, daran, daß die Herauforderung darin besteht, bei Ihrer Gereiztheit und Ihrem Unbehagen zu bleiben und sich genau da, wo Sie sind, zu entspannen.
4. *Alles, was geschieht, als Traum betrachten.* Kontemplieren Sie, daß diese äußeren Umstände sowie diese Gefühle und diese überdimensionale Empfindung eines ICH flüchtig und substanzlos sind wie eine Erinnerung, wie ein Kinofilm, wie ein Traum. Diese Erkenntnis schneidet durch Angst und Panik hindurch.

Wenn wir uns in den Fängen der Aggression wiederfinden, können wir uns daran erinnern: Wir *müssen* nicht zurückschlagen, und wir *müssen* auch nicht verdrängen, was wir fühlen. Wir müssen weder Haß noch Scham empfinden. Wir können zumindest beginnen, unsere Grundannahmen in Frage zu stellen. Könnte es sein, daß wir im Wachen wie im Schlaf einfach von einem traumartigen Zustand zum nächsten übergehen?

99

Vergebung kultivieren

Vergebung ist ein wesentlicher Bestandteil der Bodhichitta-Praxis. Sie erlaubt uns, von der Vergangenheit abzulassen und einen Neuanfang zu machen. Vergebung kann man nicht erzwingen. Wenn wir jedoch mutig genug sind, unser Herz für uns selbst zu öffnen, dann wird Vergebung zum Vorschein kommen.

Es gibt eine einfache Übung, mit der wir Vergebung kultivieren können. Zuerst nehmen wir zur Kenntnis, was wir fühlen – Schande, Rachsucht, Beschämung, Groll. Dann vergeben wir uns selbst, daß wir auf diese Weise menschlich sind. Mit der Grundhaltung, nicht im Schmerz zu wühlen, lassen wir dann los und machen einen Neuanfang. Wir müssen die Bürde nicht mehr mit uns herumtragen. Wir können zur Kenntnis nehmen, vergeben und neu beginnen. Wenn wir auf diese Weise üben, dann werden wir allmählich lernen, bei dem Gefühl des Bedauerns darüber, daß wir uns selbst und andere verletzt haben, zu verweilen. Wir lernen auch Selbstvergebung. Schließlich werden wir, in unserem eigenen Tempo, zu der Fähigkeit finden, jenen zu vergeben, die uns weh getan haben. Wir werden herausfinden, daß Vergebung ein natürlicher Ausdruck des offenen Herzens, unseres Grundlegenden Gutseins ist. Dieses Potential ist in jedem Moment gegeben. Jeder Augenblick gibt uns die Gelegenheit, neu anzufangen.

100

Das Paradox umfangen

Das Leben ist großartig, aber das Leben ist auch erbärmlich. Die Großartigkeit des Lebens zu würdigen, inspiriert uns, ermutigt uns, heitert uns auf, schenkt uns eine umfassendere Perspektive und gibt uns Energie. Wir fühlen uns zugehörig. Aber wenn nur das geschieht, werden wir bald überheblich und schauen auf andere herab. Wir halten uns für etwas Besonderes und möchten, daß das Leben immer so bleibt. Die Großartigkeit wird durch Verlangen und Sucht verwässert.

Andererseits macht die Erbärmlichkeit – die schmerzliche Seite des Lebens – uns sehr viel weicher. Den Schmerz zu kennen ist eine wichtige Voraussetzung dafür, daß wir für andere da sein können. Wenn Sie dann Kummer empfinden, können Sie anderen Menschen gerade in die Augen sehen, weil Sie das Gefühl haben, daß Sie nichts zu verlieren haben – Sie sind einfach da. Die Erbärmlichkeit macht uns weicher und demütiger, aber wenn es uns nur erbärmlich ginge, dann wären wir alle so deprimiert und hoffnungslos, daß wir nicht einmal mehr die Kraft hätten, einen Apfel zu essen. Großartigkeit und Erbärmlichkeit brauchen einander. Die eine inspiriert uns, die andere macht uns weicher. Sie gehen Hand in Hand.

Atîsha sagte: „Was von den beiden auch immer geschieht: Sei geduldig." Ob die Situation nun gerade großartig oder erbärmlich, erfreulich oder unerfreulich ist, seien Sie geduldig. Geduld bedeutet, daß wir es den Dingen erlauben, sich in ihrem eigenen Tempo zu entfalten, statt sofort mit unseren gewohnheitsmäßigen Mustern auf Lust oder Leid zu reagieren. Das wahre Glück, das sowohl der Großartigkeit als auch der Erbärmlichkeit zugrunde liegt, kommt oft nicht zum Zuge, weil wir zu schnell in dieselben Gewohnheiten verfallen.

Geduld lernen wir nicht in der Sicherheit. Wir lernen sie nicht, wenn alles harmonisch ist und gut läuft. Wer braucht schon Geduld, wenn alles glatt geht. Wenn Sie mit zugezogenen Vorhängen und verschlossener Tür in Ihrem Zimmer bleiben, dann mag alles harmonisch erscheinen, aber kaum läuft etwas nicht so, wie Sie es sich wünschen, und schon gehen Sie an die Decke. Sie können keine Geduld kultivieren, wenn Ihr Muster nur darin besteht, Harmonie zu suchen und alles glattzubügeln. Damit Sie geduldig sein können, müssen Sie lebendig sein und nicht nur Harmonie suchen.

101

Der Sangha

Zuflucht zum Sangha nehmen – also zu anderen Menschen auf dem Pfad des Bodhisattva-Kriegers – bedeutet nicht, daß wir in einen Verein eintreten, in dem alle gute Freunde sind, miteinander über Grundlegendes Gutsein sprechen, weise nicken und Menschen kritisieren, die nicht an dasselbe glauben wie wir. Zuflucht zum Sangha nehmen bedeutet, daß wir Zuflucht zur Brüderschaft und Schwesternschaft jener Menschen suchen, die sich verpflichtet haben, ihre Rüstung abzulegen.

Wenn wir in einer Familie leben, in der alle Mitglieder sich verpflichtet haben, ihre Rüstung abzulegen, dann können wir uns durch das Feedback, das wir einander geben, und die Freundlichkeit, die wir einander entgegenbringen, sehr dabei helfen zu lernen, wie man das macht. Wenn sich jemand selbst bemitleidet und beginnt, im Selbstmitleid zu schwelgen, dann sagen die Leute normalerweise zu ihr: „Ach, du armes Ding" oder „Verflixt noch mal, reiß dich zusammen". Aber wenn man selbst dazu entschlossen ist, die Rüstung abzulegen, und weiß, daß der andere es auch ist, dann kann man diesem Menschen tatsächlich das Geschenk des Dharmas machen. Mit großer Freundlichkeit und Liebe und aus eigener Erfahrung in dem Wissen um das, was möglich ist, geben Sie diesem Menschen die Weisheit, die Ihnen vielleicht erst gestern jemand anderer gegeben hat, als *Sie* am Boden waren. Sie ermutigen die Person, nicht auf das Selbstmitleid hereinzufallen, sondern zu erkennen, daß es eine Gelegenheit zum Wachsen ist und jedermann durch solche Erfahrungen geht.

Der Sangha, das sind mit anderen Worten Menschen, die sich verpflichtet haben, einander zu helfen, die Rüstung abzulegen, indem sie die Schwächen und Neigungen des anderen, seine Rüstung anzubehalten, nicht noch unterstützen. Wenn wir sehen, wie der andere einbricht oder hartnäckig darauf beruht: „Nein, ich liebe diese Rüstung", dann finden wir eine Gelegenheit, darauf hinzuweisen, daß es unter all der Panzerung eine ganze Menge eiternder Geschwüre gibt und ein wenig Sonnenlicht auf die Haut gar nicht schlecht wäre. Das ist das Konzept der Zuflucht zum Sangha.

102

Genau wie ich (Erbarmen im Augenblick)

Die Übung von Erbarmen führt dazu, daß wir allmählich ein tieferes Verständnis für die Wurzeln des Leidens gewinnen. Wir streben nicht nur danach, daß die äußeren Manifestationen des Leidens abnehmen, sondern auch danach, daß alle von uns aufhören, auf eine Weise zu handeln und zu denken, welche die Unwissenheit und Verblendung noch verschlimmert. Wir streben danach, frei zu sein von Anhaften und Engstirnigkeit. Es geht uns darum, die Illusion, wir seien voneinander getrennt, aufzulösen.

Es ist ganz besonders hilfreich, dieses Streben in das tägliche Leben einzubringen. Wir können diese Übungen mitten in einer paradoxen und unvorhersehbaren Welt praktizieren. Auf diese Weise können wir mit unserer Absicht arbeiten und gleichzeitig beginnen, zu handeln. In Begriffen der Tradition würde man sagen, daß dies das Kultivieren beider Ebenen des Bodhichittas ist: des Strebens und des Handelns. Manchmal ist dies die einzige Möglichkeit, das Gefühl haben zu können, daß diese Übung irgend etwas gegen das Leid, dessen Zeuge wir ständig sind, auszurichten vermag.

Ich praktiziere dies in allen mögliche Situationen – am Frühstückstisch, in der Meditationshalle, in der Zahnarztpraxis. Wenn ich im Supermarkt in der Schlange vor einer Kasse stehe und den mit allem unzufriedenen Teenager vor mir sehe, dann spreche ich innerlich das Wunschgebet: „Möge er frei sein vom Leiden und seinen Ursachen." Wenn ich mit einer Fremden im Aufzug stehe und mir ihre Schuhe, ihre Hände und der Ausdruck auf ihrem Gesicht auffällt, dann kontempliere ich, daß sie ebenso wie ich keinen Streß in ihrem Leben haben möchte. Und ebenso wie ich, macht sie sich Sorgen. Durch unsere Hoffnungen und Ängste, unsere Freuden und unsere Leiden sind wir zutiefst miteinander verbunden.

103

Losung: „Übe die Fünf Stärken, die essentiellen Herzunterweisungen"

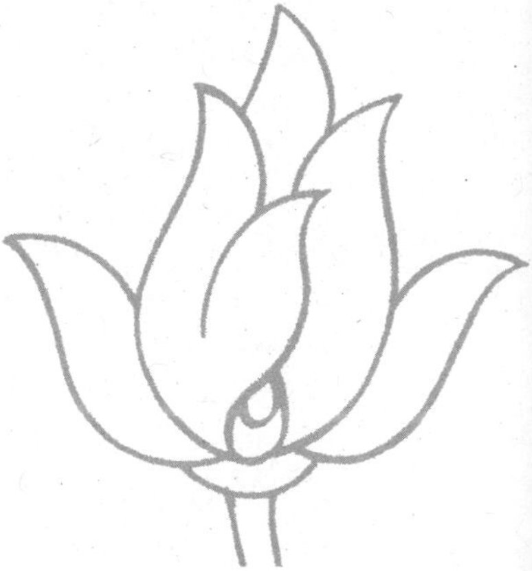

Es gibt fünf Stärken, auf die wir bei unserer Übung des Erweckens von Bodhichitta zurückgreifen können. Es sind fünf Methoden, mit denen ein Krieger zunehmend Zutrauen und Inspiration gewinnt:

1. Wir entwickeln den *festen Entschluß* und verpflichten uns dazu, mit allem, was das Leben uns bringt – einschließlich unserer emotionalen Nöte –, offen umzugehen. Als Menschen, die sich zum Krieger schulen, entwickeln wir aus tiefstem Herzen den Entschluß, Unannehmlichkeiten als Gelegenheit zum Erwachen zu benutzen, statt zu versuchen, sie loszuwerden. Dieser Entschluß erzeugt Stärke.

2. Wir entwickeln *Vertrautheit* mit den Bodhichitta-Übungen, indem wir sie in der formellen Übung sowie im Augenblick praktizieren. Was auch immer geschieht, wir sind dazu entschlossen, es zum Erwecken unseres Herzens zu benutzen.
3. Wir wässern den *Samen des Bodhichittas* sowohl in angenehmen als auch in unangenehmen Situationen, so daß unser Zutrauen zu diesem positiven Samen wachsen kann. Manchmal ist es hilfreich, kleine Gelegenheiten dazu zu nutzen, den Samen des Gutseins in unserem Leben zur Geltung zu bringen.
4. Wir benutzen das *Tadeln* – voller Freundlichkeit und Humor –, um uns selbst auf die Schliche zu kommen, noch bevor wir uns selbst oder anderen ein Leid zufügen. Die sanfteste Methode des Tadelns besteht darin, uns selbst zu fragen: „Habe ich das schon jemals zuvor getan?"
5. Wir stärken die Gewohnheit, Wunschgebete dafür zu sprechen, daß das Leiden und seine Samen für uns alle abnehmen und daß Weisheit und Erbarmen zunehmen. Wir stärken die Gewohnheit, stets ein gütiges Herz und einen offenen Geist zu kultivieren. Auch wenn es uns nicht möglich ist zu handeln, können wir uns doch wünschen, zur Stärke und Liebesfähigkeit des Kriegers zu finden.

104

Den Kreislauf des Samsâras umkehren

Jede Handlung zählt. Und auch jeder Gedanke und jedes Gefühl zählt. Dieser Augenblick ist der ganze Pfad, der uns zur Verfügung steht. Wir können die Lehren nur in diesem Augenblick anwenden. Das Leben ist kurz. Selbst wenn wir 108 Jahre alt werden, wird es immer noch zu kurz gewesen sein, um alle Wunder des Lebens erlebt zu haben. Der Dharma ist jede Tat, die wir tun, jeder Gedanke, den wir denken, jedes Wort, das wir sprechen. Sind wir zumindest bereit, uns dabei zu erwischen, wie wir uns aus dem Staube machen wollen? Und können wir das tun, ohne uns selbst Vorwürfe zu machen? Streben wir wenigstens danach, uns nicht selbst als ein Problem anzusehen, sondern einfach als ein ziemlich typisches Menschenwesen, das sich in diesem Moment erlauben könnte, einmal innezuhalten und nicht so wahnsinnig vorhersehbar zu sein?

Der Dharma kann unsere Wunden heilen, sehr alte Wunden, die nicht von der Erbsünde herrühren, sondern von einem Mißverständnis, das so alt ist, daß wir nicht mehr darum wissen. Die diesbezügliche Unterweisung lautet, daß wir mit der Situation, in der wir uns finden, mitfühlend umgehen und davon ausgehen sollen, daß unsere mißliche Lage handhabbar ist. Wir stecken in Verhaltensmustern des Festhaltens und Verhärtens fest, die dazu führen, daß dieselben Gedanken und Reaktionen ständig wiederkehren. Auf diese Weise projizieren wir unsere Welt. Wenn wir das sehen, und sei es auch nur alle drei Wochen für drei Sekunden, dann bekommen wir auf natürliche Weise den Dreh heraus, wie wir diesen Prozeß des Verhärtens der Dinge umkehren können. Wir finden den Dreh, die klaustrophobische Welt, die wir für gewöhnlich kennen, anzuhalten, unsere Jahrhunderte alte Bürde abzulegen und in neues Terrain vorzustoßen.

Wie in aller Welt können wir das tun? Die Antwort ist einfach. Machen Sie den Dharma zu etwas Persönlichem, erkunden Sie ihn mit vollem Einsatz und entspannen Sie sich. Wir können alles, was in unserem verblendeten Geist geschieht, als den Pfad betrachten. Alles ist handhabbar.

105

Der Pfad ist das Ziel

Was braucht es, damit wir das Leben, das wir bereits haben, so benutzen können, daß wir weiser werden und uns nicht noch mehr festfahren? Was ist die Quelle der Weisheit auf einer persönlichen, individuellen Ebene?

Zur Antwort auf diese Frage gehört, daß wir alles, dem wir begegnen, auf den Pfad bringen. Alle Dinge haben ganz natürlich ihren Grund, ihren Pfad und ihr Ergebnis. Das bedeutet dasselbe, als sagten wir, daß alle Dinge ihren Anfang, ihre Mitte und ihr Ende haben. Aber es heißt auch, daß der Pfad selbst sowohl der Grund als auch das Ergebnis ist. Der Pfad ist das Ziel.

Dieser Pfad hat eine ganz spezielle Eigenschaft: Er ist nicht vorgefertigt. Er besteht also nicht bereits. Der Pfad, von dem wir hier sprechen, ist die Entwicklung unserer Erfahrung von Moment zu Moment, die Entwicklung der Welt der Erscheinungen von Moment zu Moment, die Entwicklung unserer Gedanken und Gefühle von Moment zu Moment. Dieser Pfad ist noch auf keiner Karte verzeichnet. Er tritt von Moment zu Moment in die Existenz und verschwindet gleichzeitig hinter uns.

Wenn wir erkennen, daß der Pfad das Ziel ist, haben wir das Gefühl, daß unsere Situation handhabbar ist.

106

Die Verstärkung der Neurose

Wir mögen annehmen, daß sich unsere Gewohnheitsmuster im Verlauf unserer Bodhichitta-Schulung langsam auflösen – daß wir Tag für Tag, Monat für Monat immer offener, immer flexibler, immer mehr zum Krieger werden. Was bei fortlaufender Übung jedoch tatsächlich geschieht, ist, daß unsere Muster intensiver werden. Dies nennt man die „Verstärkung der Neurose". Es geschieht einfach. Wir bekommen einen Vorgeschmack von der Bodenlosigkeit, aber so sehr wir uns auch wünschen, beständig, offen und flexibel zu bleiben, halten wir doch weiter auf die gewohnte Weise fest.

Wir können zum Beispiel auf der Basis von spirituellen Ideen eine neue selbstkritische Story entwickeln. Die Schulung zum Krieger wird dann zu einer weiteren Gelegenheit, das Gefühl haben zu können, daß wir es ja doch nie schaffen werden. Oder wir benutzen unsere Schulung dazu, unser Selbstbild aufzublähen, das Gefühl zu haben, etwas Besonderes zu sein. Damit verstärken wir unseren Stolz und unsere Überheblichkeit. Vielleicht haben wir ja auch den aufrichtigen Wunsch, uns von überflüssigem Gepäck zu befreien, aber in dem Prozeß benutzen wir die Lehren dazu, uns von den chaotischen, beunruhigenden Aspekten unseres Lebens zu distanzieren. Wir versuchen unsere spirituelle Schulung dazu zu benutzen, das Unbehagen in unserem Bauch zu vermeiden.

Auf diese Weise tragen wir unsere altgewohnten Methoden, uns selbst zusammenzuleimen, in die Bodhichitta-Praxis hinein, also in die Praxis des *Auflösens* des Leims. Doch aufgrund unserer Praxis können wir auch beginnen, das, was wir tun, voller Erbarmen anzusehen. Was geschieht da psychisch mit uns? Fühlen wir uns unzulänglich? Glauben wir weiterhin an unsere selben alten Dramen? Benutzen wir die Spiritualität, um dem auszuweichen, was wir fürchten? Uns entgeht sehr leicht, auf welche Weise wir immer noch versuchen, mit denselben alten Methoden Boden unter die Füße zu bekommen. Wir müssen allmählich beginnen darauf zu vertrauen, daß es befreiend ist, loszulassen. Wir schulen uns unablässig in Maitrî. Es braucht Zeit, bis wir uns für das Gefühl, ständig offen zu bleiben, begeistern können.

107

Mitfühlende Selbsterkundung

Wenn unsere Einstellung gegenüber der Furcht annehmender und neugieriger wird, dann kommt es zu einem fundamentalen Umschwung. Statt unser Leben damit zu verbringen, uns immer mehr zu verkrampfen, lernen wir, daß wir uns mit der Frische des Augenblicks verbinden und uns entspannen können.

Die Übung besteht darin, daß wir unsere Stimmungen, unsere Gefühle und unsere Gedanken voller Erbarmen unter die Lupe nehmen. Die Übung mitfühlender Erkundung unserer Reaktionen und Strategien ist grundlegend für den Prozeß des Erwachens. Wir werden dazu angehalten, die Neurose, die unweigerlich zuschlägt, wenn unsere Anpassungsmechanismen plötzlich auseinanderfallen, voller Neugier zu untersuchen. So kommen wir schließlich an den Punkt, wo wir aufhören, an unsere persönlichen Märchen zu glauben. An diesem Punkt stehen wir dann nicht mehr in innerer Spaltung gegen uns selbst und widersetzen uns nicht mehr ständig unserer eigenen Energie. Und so lernen wir, im Grundlegenden Gutsein zu verweilen.

Das ganze ist ein Prozeß unablässiger Schulung. Von dem Moment an, wo wir uns auf die Bodhisattva-Schulung einlassen, bis zu dem Moment, wo wir vollkommenes Vertrauen in die Freiheit unseres unbedingten, unvoreingenommenen Geistes haben, überlassen wir uns Augenblick für Augenblick allem, was genau in diesem Augenblick geschieht. Mit Präzision und Sanftheit geben wir die von uns so geliebten Weisen auf, uns selbst und andere zu betrachten, die ganze Chose zusammenzuhalten, die Zärtlichkeit des Herzens zu blockieren. Wir tun das wieder und wieder, über viele herausfordernde und inspirierende Jahre hinweg – und indem wir so weitergehen, finden wir langsam Geschmack an der Bodenlosigkeit.

108

Losung: „Bewahre dir immer allein einen freudigen Geist"

Bewahre dir immer allein einen freudigen Geist", das scheint ein geradezu unmögliches Bestreben zu sein. Wie einmal jemand zu mir sagte: „*Immer* ist eine ziemlich lange Zeit." Doch indem wir uns darin schulen, die Blockaden in unserem Herzen aufzulösen, finden wir heraus, daß jeder Augenblick die freifließende Offenheit und die Wärme enthält, die für die grenzenlose Freude charakteristisch sind.

Dies ist der Pfad, den wir wählen, um Freude zu kultivieren: Wir lernen, unser Grundlegendes Gutsein nicht unter einem Panzer zu verbergen und das zu würdigen, was wir haben. Meistens tun wir das nicht. Statt das wertzuschätzen, was wir haben, kämpfen wir ständig um etwas Besseres und nähren unsere Unzufriedenheit. Das ist, als wollten wir die Blumen zum Blühen bringen, indem wir Zement in den Garten gießen.

Doch indem wir uns mit Hilfe der Bodhichitta-Übungen schulen, können wir an den Punkt kommen, wo wir der Magie des gegenwärtigen Augenblicks gewahr werden. Wir könnten allmählich zu der Wahrheit aufwachen, daß wir schon immer Krieger waren, die in einer heiligen Welt leben. Dies ist die ununterbrochene Erfahrung grenzenloser Freude. Zugegeben, wir werden das nicht immer erfahren. Aber Jahr für Jahr finden wir immer leichter Zugang dazu.

Die Widmung des Verdienstes

Mögen durch dieses Verdienst alle Wesen Allwissenheit erlangen,
Möge es den Feind, das falsche Tun, besiegen.
Möge ich alle Lebewesen befreien aus der stürmischen See von Geburt, Alter, Krankheit und Tod,
Aus dem Ozean des Samsâra.

Glossar

Wunschgebet-Übung Eine Übung, in der wir uns bemühen, die Vier Grenzenlosen Eigenschaften, also Liebende Güte, Erbarmen, Freude und Gleichmut, auszudehnen, indem wir sie auf andere ausweiten.

Bodhichitta (Skrt.) Das erwachte Herz von Liebender Güte und Erbarmen. *Absolutes Bodhichitta* ist unser natürlicher Zustand, den wir als das Grundlegende Gutsein erfahren, das uns mit allen anderen Lebewesen verbindet.

Buddha (Skrt.) „Der Erwachte". Der Begründer des Buddhismus, ein Prinz namens Siddhârtha Gautama, der im 6. Jahrhundert v. Chr. im heutigen Nepal geboren wurde. Er verließ seinen Palast im Alter von 29 Jahren und begab sich auf eine spirituelle Reise, die ihn dazu führte, daß er Erleuchtung erlangte und zum Buddha wurde. Er widmete den Rest seines Lebens der Aufgabe, anderen zu zeigen, wie man dieses Erwachen und die Befreiung vom Leiden erreichen kann. Auch wir sind Buddhas. Wir sind die Erwachten – Menschen, die ständig einen Sprung machen, die sich ständig öffnen, die ständig vorangehen.

Dharma (Skrt.) Das „kosmische Gesetz". Die Lehren Buddhas, die Wahrheit dessen, was ist.

Acht Weltliche Dharmas Vier Paare von Gegensätzen – vier Dinge, die wir mögen und an denen wir hängen, und vier Dinge, die wir nicht mögen und die wir zu meiden suchen. Die Acht Weltlichen Dharmas sind Lust und Leid, Lob und Tadel, Ruhm und Schmach, Gewinn und Verlust.

Die grundlegende Botschaft ist, daß wir leiden, wenn wir uns in die Acht Weltlichen Dharmas verstricken.

Vier Grenzenlose Eigenschaften Liebe, Erbarmen, Freude und Gleichmut. Sie werden grenzenlos genannt, weil unsere Fähigkeit, sie zu erfahren und auszuweiten, unbegrenzt ist.

Lojong (tibet.) „Geistesschulung", eine auf Atîsha Dipamkara, einen buddhistischen Meister des 11. Jahrhunderts, zurückgehende Praxis. Die Geistesschulung enthält zwei Elemente: Die Übung von Aufnehmen und Aussenden (Tonglen), in der wir Leid einatmen und Freude aussenden, und die Übung mit Losungen, in der wir kurze Losungen benutzen, um unsere gewohnte Einstellung der Selbstbezogenheit umzukehren. Diese Methoden leiten uns dazu an, das, was wir gewöhnlich für unsere größten Hindernisse halten – Zorn, Ablehnung, Furcht, Eifersucht –, als Treibstoff für das Erwachen zu verwenden.

Maitrî (Skrt.) „Bedingungslose Liebende Güte", eine direkte und bedingungslose Beziehung zu allen Aspekten unserer selbst und der anderen. Ohne Liebende Güte für uns selbst ist es schwierig, wenn nicht gar unmöglich, sie wirklich für andere zu empfinden.

Pâramitâ (Skrt.) „Das, was das andere Ufer erreicht hat." Es gibt sechs Eigenschaften, die uns über unsere gewohnten Weisen, Festigkeit und Sicherheit zu suchen, hinaustragen. Diese Sechs Pâramitâs sind Großzügigkeit, Geduld, Disziplin, Bemühung, Meditation und Prajñâ oder Weisheit.

Samsâra (Skrt.) „Reisen", der Teufelskreis des Leidens, der aus dem irrigen Glauben an die Festigkeit und Dauerhaftigkeit von Subjekt und Objekt entsteht.

Drei Kostbarkeiten Der Buddha, der Dharma und der Sangha.

Tonglen (tibet.) „Aussenden und Aufnehmen", auch als das Tauschen von Ich und anderen beschrieben. In der Übung des Tonglen atmen wir alles ein, was sich schlecht anfühlt, und senden alles aus, was sich gut anfühlt.

Sangha (Skrt.) „Menge, Gast", die buddhistische Gemeinschaft. Alle anderen, die sich auf dem Pfad des Krieger-Bodhisattvas befinden.

Krieger-Bodhisattva Jemand, der danach strebt, zum Wohle anderer aus dem erwachten Herzen heraus zu handeln.

Anmerkungen

1. In der deutschen Dharma-Szene hat sich der schwächliche Begriff „Mitgefühl" als Übersetzung von Karunâ (im Englischen meist mit „compassion" übersetzt) eingebürgert, weil „Mitleid" oder „Mitleiden" als zu negativ, ja geradezu abwertend empfunden wird. Allerdings ist Karunâ sehr viel mehr als ein „Gefühl", wie auch Pema Chödröns Lehrer Chögyam Trungpa Rinpoche immer wieder betont hat, und ist ganz vom Mit-Leiden (engl.: com-passion) getragen. „Leiden" im Sinne von Buddhas Vier Edlen Wahrheiten ist ja das Kennzeichen des Lebens im Kreislauf der Wiedergeburten (Samsâra), und Karunâ ist wiederum (neben Weisheit) das Kennzeichen des Bodhisattvas, der nicht aus dem Samsâra aussteigt, sondern im Kreislauf der Existenzen verbleibt, um mit allen Wesen zu leiden. Allerdings leidet der Bodhisattva nicht nur mit den Wesen, sondern er wirkt auch darauf hin, dieses Leiden zu beenden, die Wesen vom Leiden zu befreien. Karunâ ist also nicht nur ein passives Mit-Fühlen oder Mit-Leiden, sondern auch eine auf die Befreiung vom Leiden zielende aktive Haltung. Darum scheint trotz der von manchen als störend empfundenen christlichen Assoziationen der Begriff „Erbarmen" die beste Übersetzung für Karunâ zu sein – vor allem, wenn man sich vergegenwärtigt, daß er vom althochdeutschen „ab-armên" herkommt, der soviel wie „von Not (oder Leid) befreien" bedeutet. (Anm. d. Übers.)

2. Im englischen Original wird der Begriff uncertainty verwendet; das kann „Ungewißheit" aber auch „Unsicherheit" bedeuten. Der „Ungewißheit" standzuhalten meint eher die Fähigkeit, mit dem Nichtwissen des eigenen Geistes umge-

hen zu können, während der Unsicherheit standzuhalten sich eher auf ungesicherte äußere Bedingungen bezieht. Beide Nuancen sind hier sicherlich gemeint, und wenn im weiteren Verlauf der Übersetzung von „Ungewißheit" die Rede ist, sollte die „Unsicherheit" immer mitgedacht werden. (Anm. d. Übers.)

3. Wenn im Zusammenhang mit Meditation (und in diesem Buch) vom „Sitzen" die Rede ist, so ist damit üblicherweise die formelle „Meditation im Sitzen", die „Sitzende Meditation" oder „Sitzmeditation" gemeint. (Anm. d. Übers.)

4. Im buddhistischen Kontext hat „Ichlosigkeit" eine andere Bedeutung als im normalen Sprachgebrauch; es nimmt auf die Lehre des Anâtman (Nicht-Ich oder Nicht-Selbst) Bezug, wonach Menschen und Dinge vom absoluten Gesichtspunkt gesehen keine unabhängige und dauerhafte Substanz besitzen. Damit wird jedoch nicht die Existenz (und Nützlichkeit) eines Ich auf der relativen Ebene bestritten. (Anm. d. Übers.)

5. Als „Postmeditation" oder Zustand nach der Meditation wird im tibetischen Buddhismus der „alltägliche" Bewußtseinszustand bezeichnet, in dem man nicht ausdrücklich einen meditativen Geisteszustand kultiviert. Idealerweise nähert sich im Laufe einer langjährigen Meditationspraxis der Zustand der Postmeditation immer mehr dem der Meditation an. (Anm. d. Übers.)

Literaturverzeichnis

Bücher, die als Grundlage für die Unterweisungen in diesem Buch dienten:

Chödrön, Pema: *The Wisdom of No Escape and the Path of Loving-Kindness,* Boston: Shambhala Publications, 1991. Dt. Ausgabe: Dharma als Lehre, Dharma als Erfahrung, Braunschweig: Aurum, 1992; Taschenbuchausgabe unter dem Titel *Liebende Zuwendung, Freude im Herzen,* Frankfurt am Main: Fischer Taschenbuch, Reihe „Spirit", 2000.

—, *Start Where You Are: A Guide to Compassionate Living,* Boston: Shambhala Publications, 1994. Dt. Ausgabe: *Beginne, wo du bist. Eine Anleitung zum mitfühlenden Leben,* Braunschweig: Aurum, 1995.

—, *When Things Fall Apart: Heart Advice for Difficult Times,* Boston: Shambhala, 1996. Dt. Ausgabe: *Wenn alles zusammenbricht.* Hilfestellung für schwierige Zeiten, Hamburg: Hoffman und Campe, 1998, Taschenbuchausgabe München: Goldmann, 2001.

—, *The Places That Scare You: A Guide to Fearlessness in Difficult Times,* Boston: Shambhala, 2001. Dt. Ausgabe: *Geh an die Orte, die du fürchtest. Buddhas Weg zur Furchtlosigkeit in schwierigen Zeiten,* Freiamt im Schwarzwald: Arbor Verlag, 2002.

Allgemeine Unterweisungen über Bodhichitta:

Kneen, Cynthia: *Shambhala-Training – Der Weg des spirituellen Kriegers im täglichen Leben*, Freiamt im Schwarzwald: Arbor Verlag, 2004.

Patrul Rinpoche: *The Words of My Perfect Teacher*, Boston: Shambhala Publications, 1998. Dt. Ausgabe: *Die Worte meines vollendeten Lehrers. Ein Leitfaden für die Vorbereitenden Übungen der „Herzessenz der weiten Dimension" des Dzogchen*, Freiamt im Schwarzwald: Arbor Verlag, 2001.

Shântideva: *The Way of the Bodhisattva*, übersetzt von der Padmakara Translation Group, Boston und London: Shambhala Publications, 1997.

—, *A Guide to the Bodhisattva's Life*, übersetzt von Stephen Batchelor, Dharamsala: Library of Tibetan Works and Archives, 1998.

—, *Eintritt in das Leben zur Erleuchtung*, Düsseldorf/Köln: Eugen Diederichs, 1981.

Sogyal Rinpoche: *The Tibetan Book of Living and Dying*, San Francisco: HaperSanFrancisco, 1993. Dt. Ausgabe: *Das tibetische Buch vom Leben und vom Sterben. Ein Schlüssel zum tieferen Verständnis von Leben und Tod*, Bern u.a.: O. W. Barth Verlag, 1993.

Trungpa, Chögyam: *Cutting Through Spiritual Materialism*, Boston: Shambhala Publications, 1987. Dt. Ausgabe: *Spirituellen Materialismus durchschneiden*, Küssnacht: Theseus Verlag, 1989;

—, *The Myth of Freedom*, Boston: Shambhala Publications, 1988. Dt. Ausgabe: *Der Mythos Freiheit und der Weg der Meditation*, Küssnacht: Theseus Verlag, 1989.

Die Vier Grenzenlosen Eigenschaften:

Kamalashîla: Meditation: *The Buddhist Way of Tranquility and Insight*, Glasgow: Windhorse, 1992.

Longchenpa: *Kindly Bent to Ease Us*, übersetzt von H. V. Guenther, Berkeley: Dharma Publications, 1975-76.

Patrul Rinpoche, *Die Worte meines vollendeten Lehrers. Ein Leitfaden für die Vorbereitenden Übungen der „Herzessenz der weiten Dimension" des Dzogchen*, Freiamt: Arbor Verlag, 2001.

Salzberg, Sharon, Geborgen im Sein. *Die Kraft der Mettâ-Meditation*, Frankfurt a.M.: W. Krüger Verlag, 1996; Taschenbuchausgabe Frankfurt am Main: Fischer Taschenbuch, Reihe „Spirit", 1999.

—, *Metta Meditation: Buddhas revolutionärer Weg zum Glück*, Freiamt im Schwarzwald, Arbor Verlag, 2003.

Thich Nhat Hanh, *Teachings on Love*, Berkeley: Parallax Press, 1997.

Die Losungen der Geistesschulung (Lojong):

Chödrön, Pema: *Start Where You Are: A Guide to Compassionate Living*, Boston: Shambhala Publications, 1994. Dt. Ausgabe: *Beginne, wo du bist. Eine Anleitung zum mitfühlenden Leben*, Braunschweig: Aurum, 1995.

Jones, Linda: *Das kleine Handbuch der Trauma-Bewältigung*, Freiamt im Schwarzwald: Arbor Verlag, 2003.

Khyentse, Dilgo: *Enlightened Courage*, Ithaca, N.Y.: Snow Lion Publications, 1993. Dt. Ausgabe: *Die sieben tibetischen Geistesübungen*, Bern u.a.: O. W. Barth Verlag, 1996.

Kongtrul, Jamgon: *The Great Path of Awakening: A Commentary on the Mahayana Teaching of the Seven Points of Mind Training*, Boston: Shambhala Publications, 1987. Dt. Ausgabe: Kongtrul, Jamgon, *Der große Pfad des Erwachens*, Berlin: Theseus Verlag, 1995.

Trungpa, Chögyam: *Training the Mind and Cultivating Loving Kindness*, Boston: Shambhala Publications 1993. Dt. Ausgabe: *Erziehung des Herzens*, Freiamt im Schwarzwald: Arbor Verlag, 2000.

Wallace, Alan B.: *A Passage from Solitude: Training the Mind in a Life Embracing the World*, Ithaca, N.Y.: Snow Lion Publications, 1992. Dt. Ausgabe: *Von Tibet nach New York*, Arnstorf: Diamant-Verlag, 1995.

Tonglen-Praxis:

Chödrön, Pema: Tonglen: *The Path of Transformation*, Halifax: Vajradhatu Publications, 2000. Dt. Ausgabe: Tonglen. Der tibetische Weg, mit sich selbst und anderen Freundschaft zu schließen, Freiamt im Schwarzwald: Arbor Verlag, 2001.

Sogyal Rinpoche: *The Tibetan Book of Living and Dying*, San Francisco: HaperSanFrancisco, 1993. Dt. Ausgabe: Das tibetische Buch vom Leben und vom Sterben. Ein Schlüssel zum tieferen Verständnis von Leben und Tod, Bern u.a.: O. W. Barth Verlag, 1993.

Zusätzliche Lektüre:

Batchelor, Martine & Stephen: *Meditation*, Freiamt im Schwarzwald: Arbor Verlag, 2003.

Beck, Joko: *Everyday Zen: Love and Work*, San Francisco: HarperSanFrancisco, 1989. Dt. Ausgabe: *Zen im Alltag*, München: Droemer Knaur, 1995.

—, *Nothing Special: Living Zen*, San Francisco: HarperSanFrancisco, 1994. Dt. Ausgabe: *Einfach Zen*, München: Droemer Knaur, 1995.

Bayda, Ezra: Being Zen: *Bringing Meditation to Life*, Boston: Shambhala Publications, 2002. Dt. Ausgabe: *Zen sein – Zen leben*, München: Goldmann, 2003.

Rosenberg, Larry: *Mit jedem Atemzug. Buddhas Weg zu Achtsamkeit und Einsicht*, Freiamt im Schwarzwald: Arbor Verlag, 2002.

Salzberg, Sharon: *Ein Herz so weit wie die Welt. Buddhistische Achtsamkeitsmeditation als Weg zu Weisheit, Liebe und Mitgefühl*, Freiamt im Schwarzwald: Arbor Verlag, 2002.

Trungpa, Chögyam: *Große Östliche Sonne. Die Weisheit von Shambhala*, Freiamt im Schwarzwald: Arbor Verlag, 2004.

—, *Weltliche Erleuchtung. Die Weisheit Tibets für den Westen*, Freiamt im Schwarzwald: Arbor Verlag, 2002.

Weitere Literatur aus unserem Verlag

Pema Chödrön

Geh an die Orte, die du fürchtest

Unsere Lebensumstände können uns verhärten, uns ängstlich und abweisend machen, oder sie lehren uns, sanfter, mitfühlender und freundlicher zu werden. Doch unsere gewohnten Strategien, mit Ängsten, Leiden und Schwierigkeiten umzugehen, sind wenig geeignet, diese zu überwinden – stattdessen zementieren sie diese letztlich nur. „Nicht flüchten, sondern anschauen" ist das Motto dieses praktischen Krisenmanagements für Körper, Geist und Seele. Dabei sind Pema Chödröns Ratschläge oft von provokativer Direktheit und fordern den Leser auf, sich voller Neugier auf das weite Feld seiner Schwierigkeiten vorzuwagen.

ISBN 3-924195-74-9

Pema Chödrön

Tonglen

Der tibetische Weg, mit sich selbst und anderen Freundschaft zu schliessen

Tonglen ist eine Meditationspraxis, die Liebe und Mitgefühl in den Mittelpunkt unseres Gewahrseins rückt. Es ist ein sanfter Prozess der Öffnung des Herzens – Schritt für Schritt.
Die Anwendungsmöglichkeiten reichen von den kleinen Irritationen und Unannehmlichkeiten des Alltags über Probleme in Familie und Partnerschaft oder den Umgang mit Schmerz, Sucht und Krankheit bis hin zur Begleitung Sterbender und der Übung für Verstorbene.

ISBN 3-924195-73-0

Yungdrung Wangden Kreuzer

Kunst des Lebens – Kunst des Sterbens

Wie wir den Traum von Ich und Welt mit Achtsamkeit, Mitempfinden und offenem Gewahrsein meistern und befreiende Luzidität erlangen können

Der erste Teil von „Kunst des Lebens – Kunst des Sterbens“ verdeutlicht, Kulturen und Religionen übergreifend, die allen Weisheitslehren gemeinsamen Grundlagen eines von Empathie getragenen heilsamen, ethischen und nachhaltigen Verhaltens und zeigt überzeugend die guten Gründe auf, warum wir auf das Gesetz der Resonanz und in die todlose Natur unseres Geistes vertrauen können.

Der zweite Teil, »Leben und Sterben im Licht des erleuchteten Geistes von Weisheit und Mitgefühl«, führt in die transformativen Methoden der tibetisch-buddhistischen Geistesschulung ein. Durch die bewusste Ausrichtung des Geistes auf heilsame Inhalte und die Übung von nicht-konzeptueller Achtsamkeit und Kontemplation werden sich die Ursachen des Leidens – dualistisches Denken sowie Anhaftung und Aversion – von selbst befreien. Haben wir gelernt, frei von allen Konzepten in leerem und klarem Gewahrsein zu ruhen, so können wir noch in diesem Leben zum befreienden Erwachen der Buddhas kommen.

Der dritte Teil ist ein Manual für die Kunst des guten Sterbens. Die stringent und klar dargestellten Übungen und Anweisungen zur Vorbereitung auf das Sterben und für die Begleitung im Sterbeprozess und im Postmortem basieren auf dem Erfahrungswissen und den altbewährten Instruktionen der tibetischen Thanatologie. Wer sie erinnert oder an sie erinnert wird, kann im Tod Luzidität, Erlösung und Erleuchtung erlangen.

ISBN 978-3-86781-293-1

Linda B. Jones

Das kleine Handbuch der Trauma-Bewältigung

Traumata können uns zeitlebens gefangenhalten – es sei denn, wir finden einen Weg, uns Stück um Stück von ihnen zu befreien. Wie aber sät man die Saat unserer inneren Stärke, die es hierfür braucht? Sanft, mitfühlend und aufrichtig führt uns Linda B. Jones in ihrem Handbuch für Trauma-Überlebende auf den Weg – mithilfe der jahrhundealten Lojong-Losungen und der Tonglen-Praxis.

ISBN 978-3-924195-87-8

„Meine Freundin und Schülerin Linda B. Jones hat ein Buch geschrieben, das ich sehr empfehlen kann. Hier geht es nicht um eine Licht-und-Liebe-Praxis für Leute, die schon alles auf die Reihe gebracht haben. Das Buch handelt von den haarigen, schwer zu verkraftenden Herausforderungen und Anfechtungen, mit denen wir es im wirklichen Leben zu tun haben.“

Pema Chödrön

Weitere Informationen über Meditation oder über Meditationszentren in Ihrer Nähe finden Sie hier:

Shambhala Köln
Genter Straße 25
50672 Köln
Telefon: +49 (0)221 932 971 20
info@shambhala-koeln.de
https://shambhala-koeln.de
https://eu.shambhala.ws

Arbor Verlagsprogramm

Umfangreiche Informationen zu unseren Themen, ausführliche Leseproben aller unserer Bücher, einen versandkostenfreien Bestellservice und unseren kostenlosen Newsletter. All das und mehr finden Sie auf unserer Website.

www.arbor-verlag.de

Mehr von Pema Chödrön:

www.arbor-verlag.de/pema-choedroen

Arbor Seminare

Die gemeinnützige *Arbor-Seminare gGmbH* organisiert regelmäßig Seminare und Weiterbildungen mit führenden VertreterInnen achtsamkeitsbasierter Verfahren. Zudem informiert sie über aktuelle Entwicklungen in diesem Bereich und trägt Achtsamkeit auf diese Weise nachhaltig in die Gesellschaft. Nähere Informationen finden Sie unter:

www.arbor-seminare.de

Arbor Online-Center

Mit dieser Plattform hat Arbor einen virtuellen Ort der Inspiration und des Lernens rund um das Thema Achtsamkeit geschaffen. Lernen Sie die AutorInnen unserer Bücher und die ReferentInnen unserer Veranstaltungen kennen: in Interviews, Vorträgen, Meditationsübungen, Webinaren, Podcasts sowie Online-Kursen und zahlreichen weiteren Ressourcen.

www.arbor-online-center.de